KB234991

김구응 열사 평전

4·1아우내만세운동의 주역

김구응 열사 평전

김구응열사기념사업회
천안역사문화연구회
김구응열사유족회 공동기획
전해주 지음

틈새의시간

임의 붉은 피 강산에 뿌려지고

그 혼백 강토를 지켜내

마침내 조국 광복의 꽃으로 피어났나니

_「꺼지지 않는 아우내의 횃불」, 이윤옥

김구응 열사는 아우내의 역사다

  '김구응열사기념사업회'를 발족하면서 첫 사업으로서 열사의 평전을 발간하게 되어 매우 기쁩니다.

  평전을 통해 우리는 김구응 열사께서 근대식 교육을 통해 아우내 지역의 학생들에게 민족의 정기를 가르치셨으며, 생명을 바쳐서 민족의 자주와 독립을 쟁취하고자 했던 혁명적 거사를 제대로 알게 되었습니다. 아울러 아우내 인근 지역 주민들이 얼마나 치열하게 독립을 위해 싸웠는지 그리고 일제는 얼마나 잔인하게 조선의 민중들을 학살했는지를 더욱 깊이 알게 되었습니다.

  우리 민족은 강제 병합에 의해 국권을 빼앗긴 상황을 받아들일 수 없었고, 고종의 승하에 대한 풀리지 않은 의문이 곧 민족적 울분으로 되었습니다. 이 울분은 일본의 수도 한복판에서

도쿄 유학생들의 「2·8독립선언서」 낭독으로 분출되었고, 대한 해협을 건너 조선으로 이어져 들어왔습니다. 들불처럼 퍼지는 독립을 향한 열기는 「3·1독립선언서」 낭독으로 이어졌고, 이내 전국적으로 태극기를 흔들며 만세를 외치는 혁명의 불길이 타올랐습니다.

아우내에서도 조선 민중들이 집결하였습니다. 김구응 열사께서 독립선언서를 낭독하고, 학생들과 아우내 주민들이 밤새 만든 태극기를 들고 만세운동의 선두에 섰습니다. 일제는 잔혹하게 총과 칼로 아우내장터에 모여든 조선 민중을 학살하였으나 독립의 의지마저 꺾을 수는 없었습니다. 김구응 열사는 민족정기를 가르치는 일에 그치지 않고, 온몸으로 독립을 쟁취하기 위해 일제의 총칼을 두려워하지 않은 분이십니다. 그렇기에 열사의 실천적 삶은 진정한 교육자의 모범으로서 그리고 귀한 아우내의 지역사로서 기억되고 계승되어야 합니다.

김구응 열사 평전은 여기저기 흩어져 있던 사료를 수집해 쓴 객관적 역사의 기록입니다. 귀한 사회적 자본인 '아우내4·1만세혁명'의 역사를 제대로 알리고 순국자추모각에 모신 독립운동가들의 유지를 받들어 열사들을 기리는 추모제도 다시 정례화하여 올바른 기억의 계승을 위해 노력해야 할 것입니다. 또한 천안시와 충남지역의 학교 현장에 널리 보급되어 역사교육의 귀한 자료가 되기를 희망합니다. 이것이 '김구응열사기념사업회'가 평전을 펴내자고 한 이유입니다.

이 귀한 열사의 평전작업은 전해주 신부님이 아니었다면 불가능했을 것입니다. 또한 '김구응열사기념사업회' 운영위원이신 '천안역사문화연구회' 이용길 회장의 의지가 없었다면 아주 오랜 시간이 지난 뒤에야 가능했을 것입니다. 아울러 열사의 손자 김운식 선생께서 꼭 필요한 자료를 전해주심에 완성도를 높일 수 있었습니다. 책이 나오기까지 수고해주신 틈새의시간 출판사 이채진 님께 감사드립니다.

2023. 04. 01.

김구응열사기념사업회

김종수 회장

역사는 승자의 기록인가

'역사는 승자의 기록'이라는 말의 출처는 분명하지 않지만 사실에 가깝습니다. 역사기록에는 승자를 찬양하고 패자를 비난하는 서술이 압도적으로 많기 때문입니다. 결국 역사는 지배자나 승자의 관점에서 기록되고 기억될 뿐 패자의 관점은 반영하지 않습니다. 대부분의 역사는 민중의 역할을 배제하고 권력자의 역할을 중심으로 서술됩니다. 역사학자 E.H. 카는 "역사는 과거와 현재의 끊임없는 대화이나 동시에 늘 미래를 염두에 두고 이루어지는 대화"라고 정의했습니다. 역사적 사실에 숨어 있는 객관적 사실을 파악하여 과거의 오류를 밝히고 오늘의 진실을 찾아내야 합니다. 과거의 역사와 끊임없이 소통하여 오늘의 좌표를 세워야만 미래를 제대로 설계할 수 있을 것입니다.

1900년도 초에 아우내에서는 근대 교육 운동이 활발하게 일어났습니다. 청신의숙, 장명학교, 흥호학교가 세워지고 진명학교가 잇달아 문을 열었습니다. 한때 진명학교 학생들이 150여 명에 이르렀다 하니 이 지역의 아이들은 대부분 진명학교에 다녔을 테고 어른들은 아이들의 학부모였을 것입니다. 진명학교 교사였던 김구응 열사는 신학문을 가르치고 민족독립의식을 고취한 근대 교육의 선구자였습니다. 박은식 선생은 『한국독립운동지혈사』에 "주모자 김구응은 독립선언서를 낭독하고 만세운동을 주도하다가 일본 헌병의 총에 맞아 즉사하고 노모 최정철 열사도 칼에 맞아 숨졌다"고 기록하였습니다. 당시 미국 샌프란시스코에서 발간된 〈신한민보〉는 "아우내만세운동을 주도한 사람은 김구응"이라고 보도했습니다.

임종국 선생은 해방 후 우리나라 정치·경제·사회·문화 등 전 분야에 걸친 친일파를 연구하고 규명하여 역사정의를 바로 세우는 필생의 과제에 평생을 바치셨습니다. 역사적 사실에 입각하여 진실을 기록하신 것입니다. 임종국 선생의 이러한 가르침에도 불구하고 오늘 아우내4·1만세혁명의 역사에는 이를 준비하고 실행하였던 인물과 조직과 전개 과정에 대한 실증적인 기록도 객관적인 평가도 생략되어 있습니다. 유관순 열사를 제외한 열사 59명에 대한 조명은 부실하거나 전무(全無)하고 무명 열사 11명은 명부에서조차 삭제되었습니다. 우리가 아우내4·1만세혁명의 역사를 자랑스럽게 기념하고 그 정신을 계승하려면 무엇보다도 그 역사적 실체를 객관적으로 규명하고 정당하게 재평가해야 할 것입니다. 이러한 의미에서 『김구응 열사 평전』 간행은 그 출발점이 될 것입니다.

이 평전을 집필하신 전해주 신부님, 여러모로 애써주신 김구응열사기념사업회 김종수 회장님과 김구응열사유족회 김운식 선생님께 감사드립니다. 고맙습니다.

2023. 04. 01.

천안역사문화연구회

이용길 회장

『김구응 열사 평전』 출판에 즈음하여

'역사는 미래의 거울'이라고 합니다. "역사를 잊은 민족에겐 미래가 없다"라는 말도 있습니다. 역사의 진실을 알리는 것은 미래세대를 위한 지침을 만드는 일과 같다고 할 수 있는 이유입니다.

2023년은 김구응(金球應) 선생이 아우내4·1독립만세운동으로 순국하신 지 104주년 되는 해입니다. 선생의 순국 104주기를 맞아 전해주 신부님의 뼈를 깎는 노력으로 김구응 선생의 평전이 나오게 되었습니다.

김구응 선생은 충무공 김시민 장군의 12대손(孫)이고, 17세기 조선의 뛰어난 시인인 백곡(栢谷) 김득신(金得臣) 선생의 10대손입니다. 다산 정약용 선생은 백곡을 "문자가 만들어진 이래 상하 수천 년의 시간과 종횡으로 삼만 리 드넓은 지구상에서 독서에 열심을 기울이고 굉장한 분 가운데 백곡을 으뜸으로 쳐야 할 것이다"라고 말하였습니다.

백곡의 묘비명에는 "재주가 남만 못하다고 해서 스스로 한계를 짓지 말라. 나보다 어리석고 둔한 사람도 없겠지마는 결국에는 이룸이 있었다. 모든 것은 힘쓰는 데에 달려 있을 따름이다"라고 쓰여 있습니다.

김구응 선생은 1887년에 태어나 대한제국 시기에 진천면 서기관과 입장면 서기관으로 재직했습니다(1907-1918년). 1908년 사임을 하고 고향인 병천에 청신의숙(靑新義塾)을 설립했습니다. 나라가 바람 앞에 등불처럼 위태롭게 흔들리는 모습을 보고 관료 생활을 끝낸 이유는 국민을 깨우치는 일만이 나라가 살길이라고 보고 교육에 투신하기 위해 결단을 내린 것으로 생각합니다.

김구응 선생은 1908년부터 1915년까지 청신의숙을 운영했습니다. 이후 기독교계 감리교회에서 운영하던 장명학교에서 1915년부터 1918년까지 교사로 근무했습니다. 조병옥 박사의 당질이며 아우내독립만세운동으로 8개월 형을 받은 조만형 선생과 유관순 열사의 오빠인 유우석 등을 가르쳤습니다. 1918년부터 1919년 4월 1일 운명하기 전까지 성공회에서 운영하던 진명학교에서 선생으로 재직했습니다. 진명학교로 부임한 이듬해 아우내4·1독립만세운동을 이끌었습니다.

아우내4·1독립만세운동을 실제로 주도한 장본인은 바로 김구응 선생입니다. 선생은 서울에서 일어난 3·1독립만세운동 소식을 접하고, 동네 유지인 조인원 선생 등을 위시해 성공회의 청·장년 신자들과 아우내에서도 독립만세운동을 전개할 것을 논의했습니다. 3월 13일, 서울에서 내려온 유관순 열사도 독립만세운동 소식을 전했습니다. 김구응 선생은 유관순 열사와 지역의 교인·학생들을 동원하여 진명학교와 성공회 등에서 수백 장의 태극기를 밤낮으로 만들었습니다. 선생은 1919년 4월 1일(음력 3·1) 아우내장터에 약 삼천여 명의 사람들이 모이자 선두에서 독립선언서를 낭독하고, 시위에 앞장서다 현장에서 순국했습니다.

당시에 만세운동을 주도했던 김구응 선생은 천원군 동부 6개 면을 위시하여 오창 등 각지와 비밀 연락망을 짜고 봉화 신호에 맞추어 일제히 총궐기하도록 밀령을 전달했습니다. 또 "유관순 열사에게 '나이 어린 여학생이니 일경(日警)의 눈에 띌 염려가 없다'며 태극기의 제작과 연락책 임무를 맡긴 것도 김 선생이었다"(1991.3.1.중앙일보)라는 증언이 보도되었습니다. 유관순 열사가 연락책이자 봉화 책임자라는 중요한 역할을 맡았다면 선생은 전체 계획을 짠 지도자였습니다.

임시정부 대통령 백암 박은식 선생이 쓴 『한국독립운동지혈사』에 "주모자 김구응이 왜경에 항론하니 왜경이 이굴(理屈) 사궁(辭窮)하여"라는 기록이 나옵니다. 즉 김구응 선생이 독립만세운동의 정당성과 맨손으로 독립만세를 부르는 사람을 죽이려는 왜경의 잔인함을 꾸짖자 왜경은 논리적인 근거가 부족하여 답변을 못 하고 총을 거두어 오히려 자신을 탓하는 듯한 모습을 보입니다. 이는 3·1독립만세운동사의 어느 기록에도 없는 유일한 것입니다. 당시 상황을 짐작해보면 김구응 선생은 위기 상황에서도 적을 설득할 수 있을 정도로 상당한 지식을 갖춘 교육자였을 것입니다.

선생이 1919년 4월 1일 아우내4·1독립만세운동으로 순국했을 때의 나이는 32세였습니다. 김 선생은 세 아들을 두었는데 각각 열 살, 다섯 살, 한 살이었습니다. 선생의 어머니도 선생의 시신을 안고 순국했습니다. 모자가 한꺼번에 운명을 달리한 것입니다. 두 분의 기일이 한날한시인 이유입니다.

그 후 26년의 세월이 흘러 한국은 마침내 독립을 이루어냈습니다. 그 당시 기록이 『한국독립운동사략』『한국독립운동지혈사』『미국 신한민보』에 실려 있습니다. 독립만세운동을 기획하고 우리나라의 독립을 선언했던 선생의 생각은 어떤 것이었을지 기미독립선언서를 작성한 33인 중 한 분이자 목사였던 김창준 선생의 이야기로 대신합니다.

"조국을 생명보다 더 소중히 여겼다.……기쁨으로 자진하여 선언서에 서명하려고 하였다.……그의 나이 31세였다. 결혼한 지 1년이었다. 장녀를 낳은 지는 1개월 만이었다. 선언서에 서명하면 다시 살겠다고 믿을 수 없었다. 내가 죽으면 어린 처자는 누가 보호하나? 노 양친은 누가 보호하나? 그러나 최후의 결심은 가정보다 먼저 조국이다. 내 조국의 자유를 얻는 데 내 살과 피가 한 점의 보토(補土)가 될진대 더 큰 기쁨은 없을 것이다, 하는 결심 아래 단연 서명하였다.”

우리나라의 독립을 위해 만주 벌판을 누비던 독립운동가들과 독립만세를 부르짖던 수많은 사람이 피를 뿌렸습니다. 이들의 피를 딛고 우리가 독립된 조국에서 자유를 누리게 된 것입니다. 우리는 평생 이 사실을 기억해야 할 것입니다. 『김구응 열사 평전』의 저자 전해주 신부님은 「성공회 병천교회의 4·1아우내만세운동에 대한 기여」라는 연구논문으로 아우내 4·1독립운동에서 활약한 김구응 선생의 활동을 알리는 데 큰 역할을 하였습니다. 김구응 선생의 평전을 맡아 쓰시느라 목디스크에 걸려 고생하시면서도 원고를 완성해주신 전해주 신부님께 깊은 감사의 말씀을 드립니다.

2023. 04. 01.

김구응 선생 손자

김운식

아이들의 미래를 희생으로 밝힌
'선생'이자 '독립운동가'

잃어버린 시간, 이름 없는 역사, 그러나 대한민국 생명의 물줄기였을 김구응 열사의 평전 출간을 축하드립니다. 평전을 통해 조국을 생명보다 더 소중히 여겼던, 내 조국의 자유가 어린 처자식과 노부모와 가정보다 먼저였던 김구응 열사의 조국으로 향한 결연한 단심(丹心)을 보았습니다.

교육은 우리 아이들의 내일을 준비하는 일이며 '선생'은 우리 아이들의 내일을 먼저 살펴 미래를 앞서 고민하는 사람입니다. 김구응 열사는 빼앗긴 조국에서 이름 없이 살아야 했을 아이들의 미래를 희생으로 밝힌 '선생'이자 '독립운동가'입니다.

이번 작업을 통해 역사 속에 묻힐 뻔한 김구응 열사의 활동이 세상에 드러난 것을 매우 다행스럽게 생각합니다.

진명학교의 교사이자 유관순 열사의 선생님, 4·1아우내만세

운동의 주역이신 김구응 선생의 행적이 많은 사람에게 빛이 되
길 소망합니다.

2023. 04. 01.

충청남도교육감

김지철

우리의 현재는 독립운동의 미래였다

3·1운동은 독립운동사 차원에서 보면, 가장 큰 대규모의 독립운동이었습니다. 만세시위운동에 참여한 인원이 202만 명에 달했다고 알려져 있습니다. 당시 인구가 1,800만 명 정도였다는 점을 감안하면 놀라운 규모입니다. 전국 각지에서, 또 만주·연해주·미주 등 한국인들이 살고 있던 곳에서는 모두 전개되었다는 점도 있습니다. 7,645명의 희생자와 4만6천 명에 이르는 부상자, 그리고 체포·구금된 인원도 5만여 명에 이를 정도로 격렬한 독립운동이었습니다.

민족사의 차원에서 보면 민족의 역사를 완전히 뒤바꿔놓은 사건이기도 합니다. 단군이 고조선을 세운 이래 1910년 대한제국이 망할 때까지, 민족 구성원들은 '백성'이라는 이름으로 살았고, 군주가 국가의 주인이었으며, 전제군주제의 역사였습니다. 반만년 동안 지속되던 역사가 3·1운동을 통해 새롭게 바뀌었습니다. '대한민국'이란 새로운 국가를 건립하였고, 군주주권에서 국민주권으로, 전제군주국에서 민주공화국으로 바뀐 것입니다. '백성'에서 '국민'이란 이름으로 살게 된 것도 3·1운동 덕분이었습니다.

나라를 빼앗겼지만 되찾은 것, 그리고 대한민국이란 나라에서 국민이란 이름으로 국민이 주권을 행사하는 민주공화국 시대에 살게 된 것은 모두 3·1운동 덕분이었습니다. 이는 일부 지도자나 영웅이 달성한 것이 아닙니다. 민족 구성원들이 직접 참여하고, 자신들의 삶을 희생하여 얻어낸 위대한 성과입니다. 현재 우리 삶의 기반을 마련해놓은 이들을 잊어서는 안 됩니다. 이분들의 삶과 행적을 밝혀 세상에 드러내고 기억하는 일은 후대들이 마땅히 져야 할 의무이고 몫이라고 생각합니다.

후대들이 불민한 탓으로 아직 제대로 알려지지 않은 것들이 많습니다. 아우내만세시위운동도 그중 하나입니다. 시위운동에 참여했던 유관순 열사는 3·1운동의 상징과도 같은 존재가 되어 있지만, 그 실상이 구체적으로 드러나지 않았습니다. 유관순 열사의 명성에 가려진 면도 없지 않습니다. 김구응 열사의 행적을 통해 아우내에서 전개되었던 만세시위운동의 참모습이 세상에 드러나게 되었습니다.

『김구응 열사 평전』 출판 소식을 감사하고 고마운 마음으로

축하드립니다. 아우내만세시위운동의 실상을 새롭게 밝혀냈다
는 점도 있지만, 후대들의 의무를 대신해주었다는 점 때문입니
다. 이 작업을 기획하신 김구응열사기념사업회와 천안역사문
화연구회, 그리고 집필을 담당하신 전해주 신부님께 깊은 감사
의 말을 올립니다. 이 책을 통해 아우내만세시위운동의 실상과
김구응 열사의 역할이 널리 알려지고, 이들의 희생으로 오늘의
우리가 있게 되었음을 일깨우는 계기가 되기를 진심으로 소망
합니다.

2023.04.01.

천안독립기념관장

한시준

작은 불씨 하나가 큰 불을 일으키다

일제강점기 암흑기에서도 밝게 빛나던 많은 사람이 있습니다. 독립운동가들이나 나라의 미래를 생각하며 활동한 많은 무명의 선구자들이 그들입니다. 어둠의 시대지만 그들의 빛이 있었기에 지금 우리는 빛의 시대를 살아갑니다.

성공회 병천교회의 시작은 빛이 없는 시대에 빛을 비추고자 활동했던 사람들의 역사와 같습니다. 1900년대 초 미래세대를 통한 빛나는 세상을 꿈꾸던 병천 지역의 선구자들은 교육으로써 세상을 밝히고자 했습니다. 강대형, 송인섭, 조인원, 유중권, 김정호, 정관서 등은 지역의 유지이자 지도자로 활동하며 일본의 식민지배를 벗어날 수 있는 활동을 교육으로 보았던 겁니다. 그들은 조선성공회에 선교사로 온 김우일(Wilfred N. Gurney) 신부, 부재열(George Alfred Bridle) 신부, 구세실(Alfred

Cecil Cooper) 주교 등 선교사들과 함께 병천지역에 교육기관을 설립하여 미래세대에 빛을 비추기 위한 활동을 펼치게 됩니다.

성공회 병천교회의 역사는 이와 같은 특징으로 선교가 되었습니다. 지역 주민들의 자발적인 활동과 지역의 필요와 선교를 잘 펼쳐낸 선교사들의 활동이 그것입니다. 이 불빛들이 함께 타오르며 큰 빛을 발현하게 된 것이지요. 선교 초기의 모습은 아우내에서 일어난 독립만세운동을 준비하는 모습 속에서 다시 한 번 나타나게 됩니다.

병천에서 운영되던 성공회 진명학교는 어려움 속에서도 다시 교육의 불로 활활 타오르기를 갈망하는 교회, 교육자, 학부모들의 노력의 결과로 다시금 문을 열게 됩니다. 다시 시작된 진명학교에는 박병무(어거스틴) 당시 전도사가 교장으로, 그리고 김구응 열사가 교사로 재직하며 아이들의 교육을 맡게 됩니다.

다시 문을 연 진명학교와 교회의 열린 선교를 통하여 아우내 독립만세운동은 준비됩니다. 여기에도 지역주민들의 참여와 교회의 응답이 있었음을 발견하게 됩니다. 처음 성공회가 병천으로 들어왔던 모습처럼 조선의 독립을 갈망하는 작은 불빛들이 모여 큰 빛을 발현하게 됩니다.

성공회 병천교회의 역사가 아우내 독립만세운동의 역사와 함께한다는 것에 성공회 교단의 주교로, 또한 성공회 교단의

한 명의 구성원으로서 대단한 자부심을 가지게 됩니다. 그리고 앞으로 이어가야 할 빛을 준비하게 합니다. 지역 안에서 작은 불씨들이 큰 불빛이 되어 나라를 밝히는 역사를 돌아보며 교회의 역할과 선교를 다시금 돌아볼 수 있는 책이라 생각합니다.

또한 김구응 열사를 비롯한 많은 불씨를 찾아내는 활동이 펼쳐지길 기대하며 그곳에서도 교회의 역할을 잘 감당할 수 있기를 소망합니다.

2023. 04. 01

대한성공회 대전교구장

유낙준 모세 주교

2019년, 기미년(1919년) 3·1운동 100주년을 앞두고 당시 문재인 대통령이 유관순 열사를 1등급 훈장에 추서하면서 이렇게 말했다. "유관순 열사가 3·1운동의 표상으로 국민에게 각인되어 있다는 사실만으로도 1등급 훈장을 추서 받을 자격이 있다."

맞다. 물론 나도 이 말에 전적으로 동의한다. 아니, 동의할 수밖에 없다. 유관순 열사가 3·1운동을 이끈 주역이라는 프레임은 앞으로도 대한민국이 존재하는 한 절대로 바뀌지 않을 것이다. 대한민국 사람이라면 누구라도 나와 같이 생각할 것이다. 3·1절만 되면 도금봉이 주연한 유관순 열사의 영화를 보고, "기미년 3월1일……"이라는 노래를 부르며 자란 우리 세대라면 더욱 그럴 것이다.

그래서 문재인 대통령이 3·1운동 100주년에 즈음하여 유관
순 열사를 1등급 훈장에 추서하고, 3·1운동 100주년 기념 우표
에 유관순 열사의 초상을 넣어도 어느 한 사람 이에 대해 다른
의견을 표명하거나 반발하지 않았다.

그런데 나는 그렇게 생각하는 한편으로 무언가 목에 걸린 듯
불편함을 느꼈다. 유관순 열사가 3·1운동의 표상으로 우리에
게 각인되는 바람에 제대로 된 평가와 합당한 대우를 받지 못
하는 숨은 주역이 있다는 사실을 알고 나니 더욱 그렇다.

나는 오래전 4·1아우내만세운동의 현장이었던 병천에 수년
동안 머무르면서 유관순 열사의 기념관과 생가, 열사를 기념하
는 공원을 나의 산책 코스로 정하고 거의 매일 그곳을 거닐었
다. 그러면서 나는 유관순 열사의 동네에 살고 있다는 것을 자
랑스럽게 여기기까지 했다.

그러던 중 다니던 교회의 옛 자료들을 정리하다가 4·1아우
내만세운동에 대한 강애단 신부의 회고록을 보았고, 거기서
'김구응'이란 이름을 발견했다. 그의 기록에 의하면 4·1아우내
만세운동을 실제로 계획하고 주동한 사람은 유관순 열사가 아
니라 당시 진명학교 교사였던 김구응 선생이었다.

그동안 나는 유관순 열사가 만세운동의 주역이라는 사실에
대해 한 번도 의심해본 적이 없었다. 어렸을 때부터 그렇게 배
웠고 역사적 사실로 알고 있었기 때문이다. 따라서 내가 접한

새로운 사실은 큰 충격을 안겨주었다. 김구응 선생에 대해 집착하는 수준으로 사방팔방으로 뛰어다니며 그에 관한 자료들을 모으기 시작한 이유였다.

진입로마저 없어 논두렁 밭두렁을 넘어 찾아가야 했던 김구응 선생의 묘역, 그리고 자손들이나 찾아와 읽었을 법한 묘 앞의 쓸쓸한 그의 공적비는 유관순의 것과 비교하면 너무 초라해 보였다. 그래서 옛 4·1만세운동에 대한 신문기사와 그의 공적을 알리는 역사 자료들을 찾아보았다. 그 수가 많지는 않았지만 여기저기 흩어진 자료들을 어렵지 않게 찾아볼 수 있었다. 그 모든 자료는 단지 알려지지 않은 것이고, 유관순 열사에 철저히 가려졌을 뿐이다.

논문과 성공회교회의 100년 역사를 기록하며 지면의 한 부분을 할애하여 쓴 김구응 선생의 이야기도 새로운 것을 밝혀냈다기보다는 가려져 있던 사실들을 한데 모아 활자화했을 뿐이다. 이번에 선보이는 이 책 또한 새로운 역사적 사실이 담겨 있는 것은 아니다. 김구응 선생에 대한 역사적 사실들을 조금 더 그러모아 그의 입장과 당시의 정황을 고려하여 구체적으로 고쳐 쓴 것뿐이다.

내가 김구응 열사를 '선생'이라고 부르는 이유는 그가 진명학교 교사로, 그리고 이 지역의 선구자로서 살았던 그의 생애를 톺아볼 때 가장 알맞은 호칭이라고 생각하기 때문이다. 하지만 이 책의 말미에서는 4·1아우내만세운동의 주역으로 김구응 선생이 기꺼이 목숨을 바쳤기에 마침내 '열사'라는 호칭으로 부를 것이다.

이 글을 쓰고 정리하는 내내 4·1만세운동을 준비하며 독립을 염원했던 김구응 선생의 절박한 소망과 그 과정상의 긴박한 분위기, 그리고 거사 당일 만세운동의 함성이 나의 침침한 서재 안을 가득 메웠다. 큰 영광이었다.

글을 쓰며 내가 귀찮게 해드렸던 김구응 선생의 손자인 김운식 선생님, 천안역사문화연구회 이용길 회장님, 김구응열사기념사업회 김종수 목사님, 그리고 틈새의시간 이채진 님의 도움을 감사하게 생각한다.

2023. 04. 01.

계룡에서

전해주 신부

차례

1장 **김구응, 그는 누구인가** · 31

김구응 선생의 뿌리를 찾아서 | 진천 시절, 근대 교육의 세례를 받다 |
병천 시절, 아우내만세운동의 터를 닦다 | 김구응과 그의 가족들

2장 **성공회와 진명학교** · 43

충남 병천에 기독교가 들어오다 | 성공회 선교의 시작 | 성공회 선교의
특징

김구응, 그는 누구인가

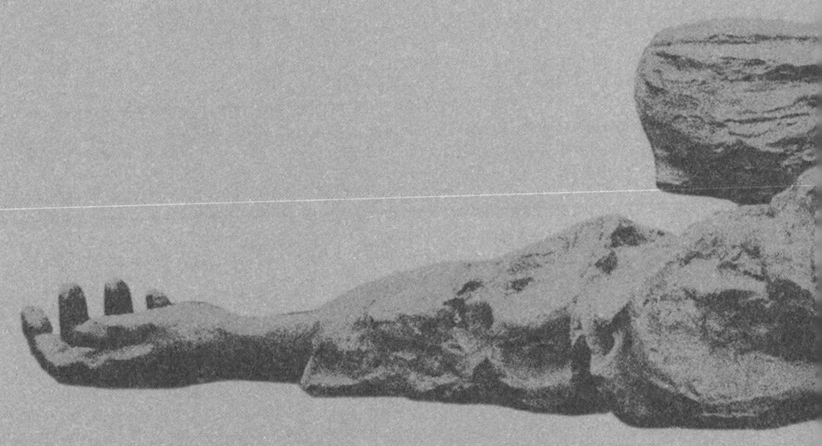

　　김구응 선생에 대한 자료 대부분은 4·1아우내만세운동 당일의 것으로 한정되어 있다. 만세운동은 삼엄한 일제의 감시 속에서 비밀리에 준비되었기에 구전 이외에는 남겨진 것이 없기 때문이다. 만세운동 이후의 자료는 김구응 선생이 당일 현장에서 왜경의 총탄에 숨을 거두었기에 있을 리가 만무하다. 더군다나 만세운동은 며칠 만에 일제에 의해 진압되고 주동자들에 대한 대대적인 검거와 주민 단속이 이루어져 살아남은 그의 식솔들마저 정든 아우내를 떠나야만 했다. 그런 마당에 누구라도 김구응 선생의 행적을 기리거나 기념할 여유는 없었을 것이다. 여기에서는 단편적인 자료들과 후손들의 증언을 토대로 김구응 선생이 어떤 인물이었는지 알아본다.

김구응 선생의 뿌리를 찾아서

김구응(金球應, 1887-1919) 선생은 1887년 7월 27일 천안 병천면 가전리 99번지에서 아버지 김상목(金相睦)과 어머니 최정철(崔貞撤) 사이의 장남으로 태어났다. 안동 김씨인 그는 임진왜란 때 진주대첩을 승리로 이끈 김시민(金時敏, 1554-1592)[1] 장군의 12대손으로 알려져 있다.

그가 언제 어떤 연유로 병천으로 들어와 살게 되었는지 정확히 알 수는 없다. 김구응 선생의 증조부께서 괴산의 진사를 지냈다고 전해지고, 그 후로 조부인 김정호(金正浩)가 병천으로 다시 이주하여 뿌리를 내린 것으로 추정할 뿐이다. 김정호는 병천의 거부(巨富)로 알려진 인물이기도 하다. 김구응 선생이 일찍부터 근대식 교육을 받고 청신의숙(青新義塾)이라는 사설 교육기관을 세워 운영할 수 있었던 이유도 필시 조부의 재력 덕택이었을 것이다.

또한 병천에는 김구응 선생의 가족 외에 김시민 장군의 후손

---

[1]   김시민 장군은 1554년 9월 23일 충청도 목천현 갈전면 백전촌(현 충청남도 천안시 동남구 병천면 가전리 백전마을)에서 중훈대부(中訓大夫:종3품 문관의 품계) 행 사헌부지평(行司憲府持平:정5품) 겸 춘추관기주관(春秋館記注官)을 지낸 아버지 김충갑(金忠甲)과 어머니 창평 이씨(昌平 李氏) 사이에서 태어난 것으로 되어 있으니 이곳 병천에 오래전부터 뿌리를 내렸던 것으로 추정된다. 다만 김시민 장군의 위패가 모셔져 있는 충민사가 괴산에 있는 것으로 보아 그의 본향은 충북 괴산읍 능촌리로 보는 것이 더 타당할 것이다.

조선의 독서왕으로 유명한 김득신 시인

으로 알려진 천안시 시의원을 지낸 김태백[II]의 일가가 살고 있다. 이 점을 고려해보면 아주 오래전에 김시민 장군의 후손 일부가 병천으로 들어와 살기 시작한 것으로 추정해볼 수 있을 터이다.

또한 김구응 선생의 10대조께서는 조선 시대 최고의 다독가(多讀家)로 알려진 백곡(栢谷) 김득신(金得臣)[III] 시인이다. 그러

II   김구응 선생 다음 항렬이 태로, 태동, 태하 등 '태'자 돌림으로 김태백과 같은 것으로 보아 김시민 장군의 후손이 오래전에 병천으로 이주하여 살았던 것으로 추정된다.

III   본관은 안동(安東), 자는 자공(子公)이며, 호는 백곡(栢谷)·백곡노인(栢谷老人)·백옹(栢甕)·귀석산인(龜石山人) 등이다. 할아버지가 진주대첩의 명장 진주목사 김시민이며, 아버지는 경상도 관찰사를 지낸 김치(金緻)다. 1662년(현종 3) 59세의 늦은 나이에 증광시 문과에 병과 19위로 급제했다. 1669년(현종 10) 사헌부장령에 제수되었으나 사양하였다. 이후 동지중추부사(同知中樞府事)에 오르고 안풍군(安豊君)에 봉해졌는데, 일마 뒤 사직하고 충청도 괴산군 능촌리(현 충청

김시민 장군 기념 동상

니 그의 피에는 김시민 장군이 지닌 무관의 정신과 김득신 시인이 품은 문신의 혼이 함께 흐르고 있는 셈이다.

진천 시절, 근대 교육의 세례를 받다

김구응 선생의 손자인 김질식(81세) 씨의 증언에 따르면 김구응 선생은 유년기를 그의 외가인 충북 진천면 초평면 금곡리에서 보냈다고 한다. 이 외에 그의 어린 시절에 대해 전해지는 이야기는 없다. 다만 자료(위키백과)에 따르면 김구응은 진천군에서 면 서기관(1904.8.21.-1905.11.1.)으로 일했고, 이후로는 입장면 면 서기관(1905.11.1.-1908.12.1.)으로 일하다가 1908년 12월에 사퇴하였다는 것을 알 수 있다.

우리는 여기서 중요한 사실 한 가지를 유추해볼 수 있다. 당시에 면 서기관으로 일하려면 한문과 국문 모두를 알아야 했고, 근대식 교육을 받아 어느 정도 상식과 학식을 갖추어야 했다. 김구응 선생이 어려서부터 한문과 국문을 깨친 것은 익히 알려진 바인데, 위의 공직 사실로 보아 수학과 과학 등 근대식 교육도 받았으리라고 추정한다.

북도 괴산군 괴산읍 능촌리)에 독서재 취묵당(醉墨堂)을 짓고 시(詩)를 지으며 살았다. 그는 다독(多讀)으로 유명하며 당대의 최고 시인이란 평을 받기도 하였다.

그는 외가인 진천에 거주하면서 근대식 교육의 혜택을 받은 것 같다. 진천은 성공회(聖公會)가 일찍이 들어온 곳이다. 당시 그곳에서는 이미 신명학교[I]라는 근대식 교육기관을 만들어 아이들을 가르치고 있었을뿐더러 애인병원[II]이라는 병원도 운영하고 있었다. 그만큼 진천은 다른 지역보다 이른 시기에 서구 문물을 접한 곳이다. 따라서 진천에는 1905년부터 영국인 선교사와 의사 그리고 수녀들이 많이 상주하고 있었는데, 남다른 학구열을 가지고 있었던 김구응 선생은 이들을 통해서 근대식 학문을 접했을 것이다.

김구응 선생이 두 번째로 근무했던 입장이란 곳도 성공회 천안 전도구의 중심 지역이었다. 이곳 역시 성공회가 근대식 교육기관인 신명학교를 운영하는 지역이었으며 영국인 신부와 수녀들이 살고 있었다.[III] 따라서 김구응 선생은 이미 진천에서

[I] 1890년 첫발을 디딘 영국 성공회 선교사들은 서울과 강화도에서부터 선교 영역을 넓혀갔다. 단아덕(Arther B.Turner) 2대 주교는 1905년, 충청북도 진천을 중부 내륙의 선교 거점으로 택하고, 1908년 학당과 수녀원을 세웠다. 이후 1912년에 신명학교를 설립했다. 이 학교는 수많은 인재를 길러냈지만, 그중에는 헤이그 밀사 사건의 주역인 이상설 선생을 비롯해 항일 인사가 많았다. 일제에 눈엣가시였기에 결국 1937년 조선총독부에 의해 삼수학교로 강제 흡수되었다.

[II] 의료와 교육을 중시한 성공회 선교 방향에 따라 강화도와 서울에 이어 진천에도 1908년에 병원이 들어섰다. 강화도 온수리에서 의료 선교를 하던 노인산(Arther F. Laws) 의사 부부가 진천으로 와서 애인병원(愛人病院)을 세운 것이다. 애인병원은 입원실과 수술실까지 갖춘 근대 의료 시설이었고, 노인산 의사의 의술이 뛰어나 외지 환자들까지 찾아올 정도였다. 특히 애인병원은 안과까지 있었으며, 영국에서 많은 약품을 조달받아 진천뿐 아니라 여러 곳의 병자를 치료하기도 하였다.

[III] 천안시 입장면과 직산면에는 1901년에 성공회 교회가 생겼으며 이후 매우 활발하게 교육 사업 및 의료사업을 펼쳤다.

국가등록문화재인 대한성공회 진천성당

성공회의 영국 선교사들로부터 근대식 교육을 접했고, 입장으로 거처를 옮긴 후에도 계속해서 새로운 학문에 정진할 수 있었을 것이다.

병천 시절, 아우내만세운동의 터를 닦다

이후 김구응 선생은 객지 생활을 마치고 고향인 병천으로 돌아와 진천과 입장에서 자신이 경험한 근대식 교육을 펼칠 계획을 세우고 실행에 옮겼다. 바로 청신의숙(淸新義塾)[I]이란 사설 교육기관을 직접 세워 꿈을 실현하려 한 것이다. 김구응 선생은 이를 위해 자신의 사재를 기꺼이 털었으며, 뜻을 함께하는 지역민들의 후원을 받기도 하였다. 때는 1908년, 그의 나이 21세였다.

그는 이곳에서 한학은 물론 진천과 입장에서 영국 선교사들로부터 배우고 익혀온 근대식 교육을 지역 내 어린 학생들에게 열정적으로 가르쳤다. 뿐만 아니라, 지역의 유지들과 지도자들을 일일이 찾아다니며 근대식 교육의 필요성을 알리고 그들의 지지와 후원을 받아냈다. 이와 같은 그의 행동은 이후 아우내 만세운동이라는 거사를 치르는 데 도움이 되는 지역민들의 지지와 호응으로 이어졌고, 큰 힘을 발휘하는 밑거름이 되었다.

그 후 김구응은 1915년 수신면 장신리에 위치한 감리교회에서 운영하던 장명학교(長命學校)[II]의 일인(日人) 교장 밑에서 교사로서 잠시 일하기도 하였다. 그러나 이 학교는 감리교회가 문을 닫으면서 곧 문을 닫게 되었다. 이후 그는 1918년부터 성

I   의숙(義塾)이라 함은 근대시대, 공익을 위하여 기부한 돈을 모아 세운 교육기관을 이른다.

II   장명학교(長命學校)는 병천에 성공회보다 먼저 들어왔던 감리교회에서 세운 근대식 교육기관이다. 성공회에서 세웠던 진명학교나 그의 전신이었던 흥호학교보다 나중에 세워졌고, 아우내만세운동이 일어나기 전인 1918년 감리교회가 문을 닫으면서 학교도 자연스레 문을 닫게 되었다. 이 학교에서는 감리교인이면서 만세운동의 한 주역이었던 유관순 형제들과 조병옥 박사 가족들이 수학하였다. 김구응 선생이 잠시 이 학교 교사로 있으면서 유관순의 오빠 유우석을 가르쳤고 유관순을 알게 되었다.

공회의 구세실 주교가 운영하는 진명학교에서 교사 생활을 계속하던 중 아우내만세운동을 준비하면서 그 주역을 맡게 되었다.[III]

김구응과 그의 가족들

김구응의 가족으로 우선 부인 권숙자(權淑子)가 있다. 그는 1886년 6월 24일 아버지 권재정(權在精)과 어머니 신씨(申氏) 사이에서 장녀로 태어났다. 권숙자 여사의 친정은 천안시 수신면 복다회리에 있는 것으로 알려져 있다. 김구응 선생과 권숙자는 김구응이 23세 되던 해인 1910년, 그러니까 그가 객지 생활을 접고 고향인 병천으로 돌아와 청신의숙을 세우고 학생들을 가르치던 한창때에 결혼한 것으로 보인다. 두 사람은 슬하에 세 아들, 태로(泰魯), 태동(泰東), 태하(泰夏)를 두었다.

그가 병천에서 오랜 기간 교사로서 청신의숙은 물론 장명학교, 흥호학교, 진명학교 등 근대식 교육기관에서 생활했는데도 그의 사진 한 장 찾을 수 없다는 점은 무척 안타까운 일이다.

다음 장에서는 그가 마지막으로 교사 생활을 했던 곳이자 아

III   이정은, 『유관순』, 한국독립운동사연구소, 충남, 2004, 306-307. 『우리고장의 독립운동가들』, 아우내문화원, 2001, 149.

우내만세운동의 거점이었던 성공회와 진명학교에 대해서 살펴
보자.

우내만세운동의 거점이었던 성공회와 진명학교에 대해서 살펴
보자.

성공회와 진명학교

본격적으로 김구응 선생과 4·1아우내만세운동 이야기를 시작하려면 성공회와 진명학교 이야기를 먼저 꺼내야만 한다. 김구응에게 붙은 '선생'이란 호칭도 진명학교에서 교사로 지내면서 얻은 것이고, 진명학교가 바로 만세운동을 계획하고 준비한 산실이었기 때문이다. 또한, 앞에서 언급했다시피 진명학교는 성공회에서 운영하는 학교로 성공회를 거론하지 않고는 김구응 선생을 이야기하기 어렵다. 이번 장에서는 먼저 성공회가 어떻게, 어떤 경로로 병천에 유입되었는지 알아보려고 한다.

충남 병천에 기독교가 들어오다

병천 지역은 충남의 천안과 충북의 진천 사이에 자리 잡고 있다. 천안과 진천은 지리적으로 볼 때 두 곳 모두 남북을 잇는 길목에 있다. 천안은 서울에서 수원, 평택 그리고 대전을 거쳐 호남을 잇는 중요한 길목이고, 진천은 서울에서 이천, 장호원을 거쳐 상주, 대구, 부산의 영남을 잇는 중요한 길목이다. 기독교는 이 길목을 따라 우리나라 남한에 전파되었다.

항공편이 없던 시절, 해외로 가는 교통수단은 배가 100퍼센트로 압도적인 수를 차지했다. 중국을 통해 전파된 감리교, 성공회는 강화도 또는 인천항으로 들어와 서울로, 그리고 남북으로 뻗어나갔고, 미국에서 일본을 거쳐 들어온 장로교는 부산으로 들어와 북상했으며, 이는 경상도 쪽에 보수 기독교가 강한 이유를 설명한다. 일부 종교도 역시 인천항으로 선교사들이 들어오면서 유입되었는데, 그 길목 중심에 병천이 있다. 병천에 기독교가 다른 곳보다 일찍, 그리고 자연스럽게 유입된 것은 이처럼 지리적인 영향이 크다.

병천과 목천 지역에 처음 기독교가 전래된 시기는 1899년과 1900년 사이였을 것으로 추정된다. 이 무렵 미국 감리교 선교사인 스웨어러(W. C. Swearer, 한국명 서원보)에 의해서 기독교가 전해졌다는 것이 정설이기 때문이다. 미국 출신의 선교사인

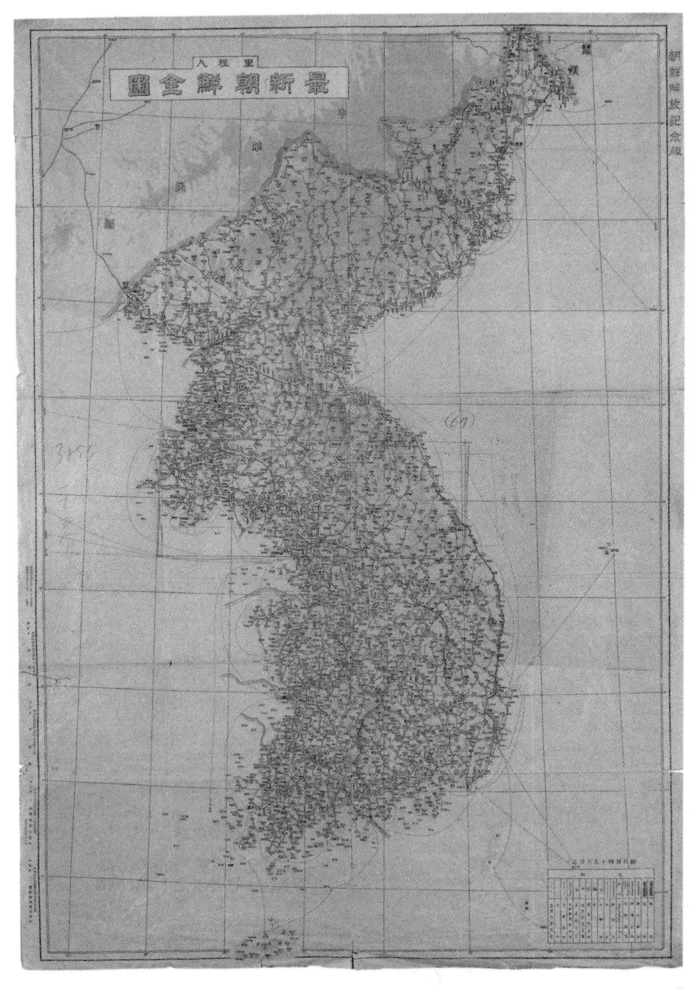

조선이 해방된 1945년 12월에 해방기념으로 조선지학출판사에서 제작, 인쇄한 조선전도. 도곽선 밖 우측 상단에 '조선해방기념판(朝鮮解放記念版)'이라고 붉은색으로 표기되어 있다. (출처:서울역사박물관)

그가 당시 이 지역 선교에 대하여 본국에 보고한 기록을 보면 상당히 활발한 선교가 이루어지고 있음을 알 수 있다.

"이미 우리는 목천과 진천뿐 아니라 청주와 충주에서도 사업을 시작하였다. 이번 해 이 네 곳에서 사업이 잘 이루어졌다. ……그 후 넉 달 만에 열두 개 마을에서 속회가 조직되고 470명의 새 신자가 생겼다."[I]

위의 기록을 참고로 그가 말한 사업, 즉 첫 교회가 생긴 것은 1899년에서 1900년경이라고 예상할 수 있다. 이 보고서에서 이미 "목천에서 사업을 시작했다"고 언급하고 있기 때문이다. 이후 입장(1901), 직산읍(1901), 아내[II](병천리) 등지에 교회가 설립되었다.

유교 성향이 강한 양반 지역으로 보수적인 이곳에서 개종자(改宗者)가 나오기란 그리 쉽지 않았을 터였다. 선교사들 역시 이 사실을 모를 리 없었다. 그럼에도 다른 지역보다 일찍 이곳에 기독교가 전파된 이유는 무엇일까? 그 원인은 이 지역에서 만세운동이 크게 일어난 점과 관련이 깊다.

I   서원보(W. C. Swearer), 「1902년 충청도지역 보고」, 『미감리회연회록』, 1902.

II   병천의 옛 지명인 아우내를 줄여 아내라 불렀다. 두 개의 천이 만난다 하여 아우를 병(竝), 내 천(川) 그래서 병천(아우내)이다.

1921년 11월 6일 신축한 병천 성마태교회의 전경이다. 사실 신축이라고는 하지만 모든 건물의 자재는 장명(현 천안시 수신면 장산리)에 있던 홍대용 대감의 99칸짜리 고택에서 나온 것들이었다. 하지만 당시 병천에서는 가장 크고 멋진 건물이었다.

첫 번째로 이 지역이 장터였다는 점을 들 수 있다. 병천의 향토 역사서인 『대록지(大麓誌)』를 보면 아내장(병천장)은 1일과 6일에 개장된다는 기록이 있다.[III] 이로 미루어볼 때 병천장은 조선 중기인 1800년 이전에 이미 생겼음을 알 수 있다. '장터'란 각 지방의 문물이 모여드는 곳이다. 이곳을 통해 각종 물품이 자연스레 유통되고 전파된다. 따라서 이 지역 사람들에게

III   조국인, 『大麓誌』, 김준기 역, 아우내문화원, 2000, 75.

외래 문물을 받아들이는 것은 매우 자연스러운 일이었을 것이다. 기독교도 예외는 아니었다.

두 번째 근거로 이 지역 지도자라고 할 수 있는 유지(有志)들에게 선견지명(先見之明)이 있었다는 점이다. 다른 지역과 달리 이 지역에는 부자들이 많았다. 장터가 열리고 돈이 모이는 곳이었으니 그럴 만도 하다. 당시 지역 유지로 강대형[I], 송인섭(宋仁燮)[II], 조인원(趙仁元)[III], 유중권(劉重權)[IV], 김정호(金晶鎬)[V], 정관서(鄭管敍)[VI] 등을 꼽을 수 있다. 놀라운 점은 유지들의 특성이다. 땅과 돈이 많으면 그것을 지키기 위해 변화를 싫어하는 수구세력이 되게 마련이다. 그런데 이들은 오히려 신문물(기독교)을 앞장서서 수용했다. 뿐만 아니라 지역민들이 신문물을 받아들이도록 선도했다. 오랜 세월 장터로서 기능한 지역적 특성, 그리고 그 덕분에 생긴 경제적 흐름을 파악하는 안목과 시대의 조류를 읽는 선견이 어우러져 신문물을 수용하는 데 유연하게 대처한 것이다.

이들 유지 가운데 조인원과 유중권은 감리교 교인이 되었는

I　　故 강준희(애단) 신부의 부친, 강신학(세실) 병천성공회 前 사제회장 조부

II　　現 송우석(마가) 병천성공회 교인 조부

III　　조병옥 박사의 부친

IV　　유관순 열사의 부친

V　　한국독립단 단원, 천안 칠의사(七義士) 중 일인(一人), 김태백 천안시의원 증조부다.

VI　　병천 성공회 초대 회장

데, 특히 유중권의 동생 유중무는 공주 감리교인 영명교회 전도사로 활동했다. 강대형, 송인섭, 정관서는 성공회 교인이 되었으며, 이들은 신식학문을 전파하기 위해 근대식 학교를 짓는데 앞장서기도 하였다. 이 학교를 초기에는 '흥호학교'라 불렀다. 이후 성공회가 흥호학교를 인수하여 운영하면서 이름이 진명학교가 된다. 진명학교는 후에 아우내만세운동의 거사를 준비할 때 중심 역할을 하게 된다.

성공회 선교의 시작

병천 지역에 성공회가 정확히 언제 들어와 어떻게 선교를 시작했는지 자세히 기록한 내용은 남아 있지 않다. 현재 자료는 『대한성공회 관구요람』 정도가 전부[VII]인데, 무엇을 근거로 해서 썼는지 분명하지 않다. 또한 『대한성공회 백년사』[VIII]에 나와 있는 기록에도 천안 전도구 안에 목천아내교회가 있었다는 정도가 전부다. 따라서 이 지역에서의 선교 초창기 모습을 알아보려면 과거 성공회보에 나와 있는 단편적 소식과 토지매매

VII 『대한성공회 관구요람』, 대한성공회 출판부, 1993, 389-391.

VIII 『대한성공회 백년사』, 대표집필 이재정, 대한성공회백년사 편찬위원회 편, 대한성공회 출판부, 1990.

문서 등을 보고 유추하거나 지역민들의 증언에 의지할 수밖에
없다.

〈성공회보〉와 '토지매매문서'를 중심으로

현존하는 것 중에서 가장 오래되고 신빙성이 있는 자료인
〈성공회보〉에 병천교회의 초창기 모습을 담은 기록이 한군데
나와 있다. 그 내용은 병천 성공회의 옛 이름인 '목천아내교회'
의 교인들이 교회를 건축하기 위해 노력하고 있다는 것이다.
이는 최초의 공식적인 병천 지역 관련 소식으로 〈성공회보〉
1908년 11월호 중 '진천통신'이란 난에 실려 있다. 이것을 기록
한 사람은 당시 진천교회 전도사인 임야고보이다. 내용은 다음
과 같다.

"목천아내교회 부회장 송사윤 씨와 오순삼, 박창열 씨 등 몇몇
이 각자 출연해 학교를 창설하여 학생 십여 명을 열심히 가르
치시니 장차 많은 학생이 지망하기를 바라고 있으며 또한 이번
가을에 교회당을 건축하기로 결정하였으니 그분들의 열성을
찬송하오며 주의 도우심이 있기를 간절히 기구하나이다."[I]

I   『宗古聖公會月報』, 1908년 11월호, 진천통신 중에서 발췌

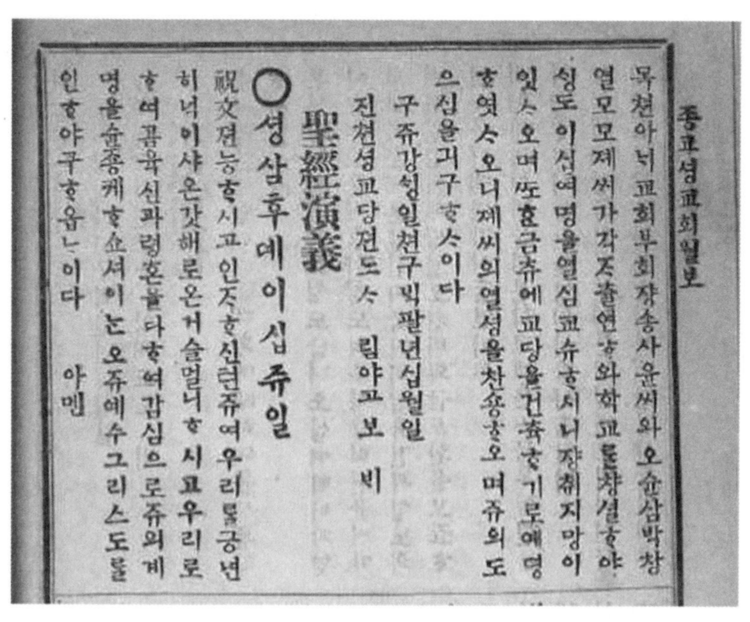

종교셩교회월보

목천아뇌교회부회쟝송사윤씨와오슌삼박창
열모모졔셔가각즉출연ᄒ와학교론창셜ᄒ야
셩도이십여명을열심교슈ᄒ시니쟝취지망이
잇소오며ᄯ효금쥬에교당을건츅ᄒ기로예뎡
ᄒ엿소오니졔씨의열셩을찬숑ᄒ오며쥬의도
으심율괴구ᄒ소이다
구쥬강셩일쳔구박팔년십월일

진쳔셩교당젼도소   림야교보   비

聖經演義
○셩삼후예 이십쥬일
視文뎐능ᄒ시고인즉ᄒ션ᄅ쥬여우리를궁년
히녀이샤온갓해로온거슬멀니ᄒ시교우리로
ᄒ여곰육신과령혼을다ᄒ여감심으로쥬의계
명을슌죵케ᄒ소셔이눈오쥬예수그리스도를
인ᄒ야구ᄒ옵ᄂ이다   아멘

『宗古聖公會月報』, 1908년 11월호에 실린 병천 지역에 관한 소식이다.

여기서 목천아내란 목천-아우내의 줄임말이다. 당시 병천은 행정구역상 목천군 갈전면 병천리였으며 병천을 아우내라고도 한다. 우리가 내용으로 짐작할 수 있는 바는 최소한 1908년 11월 이전에 병천 지역에 목천아내교회가 있었고, 이 교회가 진천교회의 관할 아래 있었다는 점이다.

또 다른 자료에서도 이 사실을 뒷받침해주는 증거를 찾아볼 수 있다. 성공회대학교 역사자료관이 소장하고 있는 1906년부터 1911년 사이에 작성된 총 17건의 토지매매문서 및 양도증서다. 이토록 많은 토지 매매문서들이 아직 남아 있다는 것은 그

충남 천안시 목천읍 목천초등학교에 있는 기미만세운동 기념비. 아우내 만세운동보다 앞
선 목천기미만세운동기념비이다. (출처:문화재청, 문화지킴이)

성공회 봉항리교회 진명학교의 모습이다. 학생들이 어린아이부터 청년까지 다양하다.

시기 병천 지역에 교회와 학교를 짓기 위한 무척 활발한 활동을 벌였다는 추측으로 이어진다.

이 매매문서와 양도증서에 나오는 땅 대부분은 부재열 신부가 매입한 것으로 되어 있는데, 각각 갈전면[I] 병천리, 소근리[II], 그리고 서면 등 크게 세 개 지역으로 나누어진다. 그러나 정확한 위치는 알 수 없다. 다만 현재 교회가 있는 곳과 그 인근 지역으로 추정할 뿐이다.

병천교회는 1908년 6월에 선교를 시작한 것으로 되어 있으

I   병천면의 옛 명칭이다.

II   '서근리'라고도 하며 현재 봉항리를 일컫는다.

나 1906년 11월 30일자로 되어 있는 토지 매매문서(충남 목천군 갈전면 병천후촌 집 4칸, 삼백삼십냥, 소유자 김우일)가 있고, 또 1907년에 작성된 토지 실측도(충남 목천군 갈전면 병천리 252, 63평에 대한 토지 실측도), 그리고 1908년 2월 20일자 토지 매매문서(충남 목천군 갈전면 병천리 논 45두락, 50냥) 등이 있는 것으로 볼 때[1] 교회가 세워지기 2년여 전부터 이 지역에서 선교하기 위해 얼마나 열심히 준비했는지 알 수 있다. 이로써 병천에 교회가 세워지기 이전부터 어떤 식으로든 이를 준비하는 자들을 중심으로 예배가 이뤄지고 있었다는 점도 충분히 추측할 수 있다. 따라서 병천 지역에서 성공회가 선교를 시작한 시기는 1908년보다는 1906년일 가능성이 더 크다.

『관구편람』, 『대한성공회 백년사』를 중심으로

"1908년 진천의 김우일(金宇逸) 신부와 구세실(具世實) 신부가 병천 지역을 답사하여 교우 가정에 기도회를 마련하면서 이 지역에서 본격적으로 선교 활동을 시작하였다. 그리고 같은 해 4월 10일 진천의 김우일 신부와 수원의 브라이들 신부가 수원에서 제대를 가져와 기증하였다. 최초의 교회는 1908년, 점촌에서 큰 도기 공장을 운영하는 정관서 댁이었으나 장소가 너무 좁아

---

[1]　위의 열거된 토지매매문서는 물론 이와 관련된 모든 자료는 현재 성공회대학교 역사자료관에 원본으로 보관되어 있다.

다음 해인 1909년에 구 장터 가까이 다리 근처에 대지를 구입하여 그곳의 초가를 제2교회로 설립하였다.

그 후 1912년에 여러 사람으로부터 토지를 기증받아 현 교회 대지를 매입하고 제1성당, 제2성당, 사제관, 전도사관, 학교, 기도실 등 건물 여러 채를 세웠다.

그러나 당시는 남녀가 한자리에 모일 수 없었던 사회이기에 1913년에는 회의실을 두 개로 나누어 각각 기도실과 학교 건물에서 회의를 개최하였다.

1921년에 앵글로 가톨릭 대회(Anglo Catholic Congress)의 지원으로 장산리 장명에 있는 기와집(홍대용의 아흔아홉 칸 기와집)을 헐고 병천의 새 교회를 지어 박어거스틴 신부가 축성하였다."[II]

위의 내용에 따르면 1908년 김우일 신부[III]와 구세실 신부가 처음 병천 지역에 방문하여 가정예배를 보면서 선교가 시작되었음을 알 수 있다. 김신부와 구세실 신부는 또한 근대식 교육기관인 진명학교(또는 신명학교)를 설립하여 교육 선교를 병행

II 『대한성공회 관구 요람』, 대한성공회 출판부, 1993, 389-391. 현재 병천교회에서 보관 중인 연대 미상의 '교회 약사'의 내용의 전문으로서 아마 이를 근거로 '대한성공회 관구요람'이 작성되었을 것으로 추정한다.

III 김우일 신부는 영국인 사제로서 본명은 Wilfred Gurney(1876-1957)이고, 당시 진천교회에서 시무하였다.

부재열(브라이들) 신부
(George Alfred Bridle, 1870-1945)

구세실 주교
(Alfred Cecil Cooper, 1882-1964)

김우일 신부
(Wilfred Gurney, 1876-1957)

했다.[I] 그리고 1916년 교구 의회에서 전도구를 분할하고, 재편할 때 남긴 기록물에도 이 지역의 목천아내교회, 소근리교회(현 봉황리교회), 서신기교회[II] 등이 천안 전도구에 속했다는 내용을 찾아볼 수 있다.[III]

지역민, 교인들의 증언을 중심으로

벽안(碧眼)의 구세실 신부와 진천의 김우일 신부가 병천(아우내) 목천 지역에 처음 발을 들여놓았을 때 도움을 요청할 만한 사람을 찾아가 선교 의지를 밝혔을 것이다. 이들은 지역민들에게는 이방인에 불과했기 때문이다. 아마 구신부와 김신부가 찾아간 사람들은 앞선 장에서 소개했던 강대형(아브라함), 송인섭, 김정호, 정관서(요셉) 등이었을 것이다. 그러나 조인원과 유중권은 예외인데, 이 두 명은 읍내에서 조금 떨어진 용두리 사람들로서 이미 그곳에 있는 감리교회에 나가는 교인이었기 때문이다. 따라서 구신부는 읍내에서 거주하는 유지인 강대형(아브라함), 송인섭 그리고 읍내에서 개울(아우내천) 건너인점촌(현재 수신면 장산리)의 정관서, 가전리에 살던 김정호를 찾

I   이재정, 『대한성공회 백년사』, 대한성공회 출판부, 1990, 83/168.

II   현재까지 그 교회는 남아 있지 않으며 천안시 성남면 신덕리에 위치했던 기도소로 추정되나 확실치는 않다.

III   『宗古聖公會月報』, 1916년 5월호/12월호, 각 주교통신 참조. 이재정, 『대한성공회 백년사』, 대한성공회 출판부, 1990, 109/151.

아가 도움을 요청했을 것이다.

점촌에서 큰 도기 공장을 운영하고 있었던 정관서는 구세실 신부에게 흔쾌히 자신의 집을 예배소로 내어주는 등 적극적으로 그를 도와주었다. 그리고 자신도 요셉이라는 세례명을 받고 성공회 교인이 되었으며 1908년 목천아내교회의 초대 회장이 되었다. 그의 손자인 정해용(세례명 도밍고, 작고)의 증언에 따르면 정관서(요셉)가 사재를 들여 성공회와 봉황리교회를 지었다고 한다.[1]

초창기 교회가 자리를 잡기까지 힘을 아끼지 않았던 지역 유지들의 사진이다.
뒷줄 왼쪽에서 두 번째 수염을 기른 사람이 강대형(아브라함) 교인이다.

---

[1] 정관서(요셉, 당시 회장)는 사재를 들여 수신면 장산리에 있었던 조선 후기 과학자 홍대용 대감의 아흔아홉 칸짜리 기와집을 헐어 그 기와와 대들보 등의 자재들을 병천 현 교회 부지로 그대로 옮겨 와 기와집으로 교회를 지었다고 한다. 또한 1933년(계유년) 7월 16일에는 현 봉황리 교회를 같은 방법으로 건축하였다고 한다.

1910년대 성공회 여자 교인들의 모습이다. 당시는 남녀가 유별하던 시대라 여자 교인들은 별도의 장소에서 따로 미사를 드렸다. 머리에 쓰고 있는 것은 지금의 미사포이다. 아래의 남자 교인들보다 여자 교인의 숫자가 많은 것은 예나 지금이나 마찬가지다.

또 다른 유지였던 강대형(강준희/애단 신부의 부친, 세례명 아브라함)은 읍내에 큰 집을 가지고 있는 부호였고 병천에서 강주사라고 불렸는데, 구세실 신부를 도와 교회 건축에 큰 도움을 주었다고 전해진다. 강대형은 우리 민족의 운명은 장차 자라나는 학생들에게 근대식 교육을 가르쳐 힘을 키우는 것에 달려 있다고 판단하여 1908년 사비를 들여 근대식 교육기관인 흥호학교(興湖學校)[II]를 직접 세웠다. 이 학교는 진명학교의 전신

[II] 유관순 열사의 부친 유중권은 일찍이 기독교 감리교에 입교한 개화인사로서 가산을 털어 향리에 흥호학교를 세워 민족 교육 운동을 전개하였다고 모든 사료에 기록되어 있다. 그러나 이는 사실과는 많이 다르며, 해방 후 민족정신을 강조함으로써 나라의 구심점을 한곳에 모으기 위해 조병옥 박사가 병천(아우내)을 아우내만세운동의 성지로 만들고 유관순 열사의 가족을 민족의 영웅으로 만드는 과정에서 합의하에 그렇게 된 것이라고 강대형의 친손인 강신학은 증언했다.

이기도 한데 재정상의 어려움을 겪다가 결국 1912년 문을 닫았다. 그 후 흥호학교를 기반으로 성공회에서 진명학교를 세우기에 이르렀다.

강대형은 재정이 어려운 학교를 대신하여 교사들 봉급을 대어주었으며, 세 아들을 모두 흥호학교에 보냈고 큰아들인 강태희는 본교에 교사로 재임도 했다고 그의 손자 강신학(세실, 전 병천 성공회 사제회장)이 전했다.

병천(아우내) 최고의 유지였던 송인섭과 그의 형제들 역시 초창기에 음으로 양으로 교회를 건축하고 진명학교를 건립하는 데 많은 도움을 주었다는 사실은 과거 성공회보 기사 중 후원자 명단에서 그들의 이름이 심심찮게 발견되는 데서 짐작할 수 있다.[1]

성공회 교인은 아니었지만, 가전리 부호였던 김정호는 진명학교를 건축하기 위해 자신의 땅을 내주었다고 한다.[II] 그는 대단한 부호로서 지역의 발전을 위해 근대식 학교를 설립하는 데 힘을 보탰다.

이에 대한 기록은 또한 강대형의 손자인 강준희(애단) 신부의 회고록 『이대로 섬기기를 원합니다』(대한성공회 출판부, 1998)에도 있다. 이것으로 미루어볼 때 흥호학교는 강대형의 뜻에 따라 그가 주축이 되어 분명히 세워졌으며 유중권은 그 학교를 설립하는 데 일조한 것으로 추정된다.

I　『宗古聖公會月報』 1908년 11월호의 진천통신 기사 중에서 교회 건축을 위해 기부하는 송사윤 씨와 『宗古聖公會月報』 1923년 12월호의 천안 전도구 병천지부 소식에서 진명학교를 후원하는 송인섭, 송관섭, 송근섭 등이 바로 그들이다.

II　그의 증손인 현 천안시 시의원 김태백의 증언이다.

진명학교 체육 시간의 모습이다. 진명학교는 이 지역 최초의 근대식 교육기관이었다.

옛 성공회보의 기사 내용이나 문서에 쓰인 내용을 근거로 하여 각종 기록물과 출판된 책자들, 지역민과 교인들의 각 증언에 따라 묘사된 성공회 초창기 선교의 모습에서 약간의 차이점들을 발견할 수 있다.

그 이유는 어느 한 사람만의 노력으로 이 지역에 성공회교회와 진명학교를 세운 것이 아니었기 때문이다. 외국 선교사들(구세실 신부, 부재열 신부 등)의 열정적인 선교 활동과 더불어 지역 발전을 위해 근대화의 필요성을 절감한 몇몇 유지들의 뜻, 그리고 많은 교인의 기도와 협조가 함께 어우러져 성공회 교회를 설립하는 동시에 흥호학교와 진명학교가 문을 열 수 있었다.

따라서 증언이 다르면 다를수록 그것의 진위를 파악하는 데

성공회 부재열(브라이들) 신부님과 교인들의 모습. 병천 성공회교회 건축이 있기 전에는 신자회장인 정관서(요셉)의 사랑방에서 가정예배를 보았다.

어려움이 따르기보다는 오히려 이를 통해 많은 사람이 병천 지역의 근대화를 위해 다각도로 힘을 모은 덕분에 교회나 근대식 교육기관이 설립되었다고 보는 것이 타당하다.

성공회 선교의 특징

교육 사업

지금까지 성공회가 병천 지역에 들어올 당시의 사회적 배경과 인적 배경 등을 살펴보았다. 앞에서 언급한 바와 같이 성공회는 이 지역에 들어오면서 교회 건축보다 앞서 교육 사업을 시작했다는 것을 알 수 있다.

초창기는 신자(정관서/초대 회장)의 집을 빌려 가정예배를 보았다. 1912년에 조선 후기 실학자인 홍대용 대감의 아흔아홉 칸짜리 기와집을 헐어 비로소 교회다운 교회를 건축할 수 있었다. 그러나 근대식 학교는 교회 건축에 앞서 이미 1908년에 세워진 것으로 기록되어 있다.

교회와 진명학교, 그리고 사무실이 함께 있는 교회 전경이다. 운동장에서 학생들이 선생님의 지도 아래 체조를 하는 모습이 보인다. 3·1운동이 일어나기 직전인 1918년도에 찍은 사진이다.

"1908년 진천교회 김우일 신부와 수원의 브라이들 신부가 병천 성공회를 방문하자 주민들이 학교 설립을 위한 지원을 요청한 바 있다.

1909년 구 장터 가까이 다리 근처의 교회에서 대지를 구입하여 정원 20명의 남학교인 흥호학교를 설립하였다.

1912년에는 여학교를 세울 필요를 느껴 25평짜리 초가집으로 여학생을 모집하였고, 2년 후인 1914년에는 남학생이 50명에서 150명으로 늘어나 건물이 좁아졌다. 이 학생들로 인하여 교인의 숫자가 많이 증가하였다.

1921년 교회를 옮겨 현 성당 위치에 목천국민학교를 세우기 전까지 운영되었으며, 1922년에는 유치원을 설립했는데 자세한 내용은 알려진 것이 없다.

1908년 김태순(엘리야) 신부가 병천에서 태어나 진명학교를 졸업하여 신부가 되었고, 강준희(애단) 신부도 진명학교를 졸업하고 신부가 되었다. 이로써 진명학교에서는 신부 2명을 배출하였다."[I]

'교육 사업'과 '한국인 사제 양성' 이 두 가지는 성공회가 한국 땅에 발을 들여놓을 때부터 총력을 기울인 사업이었다. 아래에 기술된 내용은 과거 성공회보에 게재된 것으로서 성공회

[I] 병천교회에서 보관하고 있는 연대 미상의 '교회 약사' 중에서 '교육 사업' 부분에서 발췌.

교구(주교)가 한국 민족의 근대식 교육을 위해 얼마나 열성을 기울였는지 잘 나타나 있다.

(전략)"……조선성공회에서 각처에 사립보통학교를 설립하지 못하였으나 수원과 강화 온수동과 천안 부토리와 목천 아내 근처 교인들은 불가불 자기 자녀를 성공회 학교에 보내어 상당한 학문을 배우게 하고 또한 성공회 사립학교가 없는 지방에서는 다행히 정부에서 공립학교를 세웠으며 본 주교가 간절히 바라는 바는 부모 된 자는 그 자녀를 학교에 보내어 육신적 학문을 배우게 하고 또한 겸하여 집에서나 성교당에서 성도를 배우게 할 것이니라……"(후략)[II]

(전략)"……바라노니 모든 부형되신 이들은 자기 자제에 대한 교육상 의무를 깨달아 본 교회에서 교육상 기관을 설립한 본의를 저버리지 마시옵소서. 대개 연소한 청년은 교육의 필요함과 그 효력을 알지 못하고 망동하겠으나 그 부형들은 반드시 자기의 의무를 다하여 저희를 효유하며 경계하여 학교에 부지런히 다니며 공부를 열심히 하게 하시기를 주의하시옵소서."[III]

II　『宗古聖公會月報』, 1915년 6월호 주교통신에서 발췌.

III　『宗古聖公會月報』, 1919년 11월 통감사제통신 중에서 발췌.

아래 과거 성공회보 기록을 보면 병천 지역에 있던 진명학교 운영을 위해 성직자는 물론 얼마나 많은 성공회 교인이 물심양면으로 지원하고 노력했는지 알 수 있다. 나라 전체가 어려웠던 시절이었던 만큼 학교를 운영하기 위한 세반 경비를 대는 데 무척 어려웠을 것이다. 그러나 사제와 교사, 학부형은 물론 지역 내 모든 유지와 주민이 합심하여 운영 자금을 대었다. 진명학교는 분명 지역 내 큰 자랑거리이며 자부심 그 자체였다. 병천 지역 주민들의 뜨거운 교육열은 몇 년 후 일어난 4·1아우내만세운동의 밑거름이 되었다는 점은 자명한 사실이다.

"본 교회를 다년 근무하신 이는 김부제 바나바씨온데 해씨가 청년교육을 극히 힘쓰사 열심히 노력하신 결과로 오늘까지 교육하기에 이르렀사오니 해씨의 열심을 찬송하나이다. 대저 어느 곳을 물론하고 사립학교를 유지하기가 극히 어려움은 다만 재정에 관한 연고라. 본 학교 경비를 대강 말하건대 선교회로 지출되는 바는 신학문 교사의 월봉에 지나지 못하고 한문 교사는 학부형이 담당하오나 다른 경비는·월사금으로 유지하오며 년년히 동절(冬節)을 당하면 난로비를 국어 교사 박아고스듸노(박병무 전도사) 씨께서 전담하다가 작년에는 본 군청에서 보통학교로 매호에 곡식 일 두씩 기부하라 하매 교인과 학부형들이 본 교회로 기부하였으므로 겨울을 지냈사오나 금년 겨울을 당하매 경비를 지출할 도리가 없으므로 학부형회를 개최할 새 일반학생도 회집게 하고 사년반 학생 이인(二人)을 택하여 모든 사업이 학문이 있어야 할 것이라는 문제를 국어로 설명하고 일인(一人)은 조선어로 번역하게 하고 또한 구세된 생도 둘을 택하여 천지만물지중(天地萬物中)에 유인(唯人)이 최고란 문제를 국어로 설명하고 한 아이는 조선어로 번역하매 일반 학부형께서는 희열이 만심하여 자기 자질이 항상 장난만 하는 줄 알았다가 이같이 설명을 듣고 곧 열심을 발하게 되었나이다. 날로 경비예산에 대하여 학부형 제씨들이 금 일환 오십 전씩 기부하였으므로 수입금액이 칠환 오전이 되었는데 외인 부형의 기부 금액이 일원 오전이온 즉 이 교인의 열심 곧 더하기를 위하여 천주께 기도하나이다."[1]

"본 교회 내 진명학교에서 다년 교사로 근무하시던 임병무 씨는 천주의 부르심을 입어 경성 마포수도원에 신학 공부하기 위하여 가셨으므로 해씨대에 수원 진명학교에서 교수하시던 정아덕 씨가 교수하시오니 천주께 감사하오며 또한 학교 경비의 곤란함으로 인하여 본 학교를 유지할 계칙이 없더니 교인과 학부형 제씨께서 열심을 발하여 기부한 금액이 육십오 원이 되매

I   『宗古聖公會月報』, 1917년 1월 충남천안병천통신에서 발췌

해 금액을 기본금으로 삼아 신구학(新舊學) 교사에 월봉을 지불하기로 작정하였사오니 천주의 은혜를 더욱 감사하나이다."[1]

아래는 당시 성공회 교구 내(우리나라) 교육기관 현황이다. 위의 내용에서 보면 알 수 있듯이 서울, 인천, 진천 등과 같이 큰 도시나 강화처럼 성공회 신자가 집중적으로 모인 곳에 교육기관이 세워졌다는 것을 알 수 있다. 유독 '리' 단위인 병천에 교육기관이 세워졌다는 것은 근대식 교육을 향한 병천 지역 내 유지 및 주민의 염원이 어느 정도였는지 가늠해볼 수 있는 척도다. 교육기관은 여론을 주도하는 역할을 맡는 등 이 지역의 구심점이었음은 두말할 필요가 없다. 이러한 교육의 힘과 지역에 집중된 역량은 후에 아우내만세운동의 기반을 제공하기에 충분했다.

*교구교육의회에서 제정한 규칙

조선 교구 내 교육사업을 위하여 조직한 교육기관의 목록은 좌와 같으니 1918년 6월 5일에 교구교육의회에서 인정하다.

1. 신품자와 전도사 양성소(수도원)

2. 경성 내 교구 기숙사 : 갑)남자기숙사 을)여자기숙사

---

[1]　『宗古聖公會月報』, 1917년 6월 천안군병천성공회통신에서 발췌

3. 지방 기숙사 : 갑)강화 을)진천 병)연백 정)인천

4. 보통학교 : 갑)강화 온수리 을)천안 부대리 병)천안 목천 병천리

5. 서당……(후략)[II]

진명학교는 이 지역의 자랑거리이며 자부심이기도 하였다. 그래서 교육기관이 겪는 어려운 운영난을 타개하기 위해 교인은 물론 지역 내 유지와 주민들이 발 벗고 나서 도왔다. 기부금을 쾌척한 사람들의 명단 중 박병무(어거스틴/아래 내용 중 박아고스디노와 동일인)는 당시 병천 성공회 전도사였으며 유연하, 이창여, 임정호 등은 교회 교인이었고 송관섭, 송인섭 등은 감리교회의 교인이었으며 나머지는 성공회 교인이 아닌 일반 지역 주민들이었다.

(전략)"……본 지부에서 관리하는 여학교는 재정의 곤란으로 인하여 운영까지 중지했던 것을 본 교회 지부회 위원 제씨와 전도사 박아고스디노 씨의 주선 하에 인근동 유지의 협찬을 얻어 경비상 후원을 조직한 결과, 지금은 모든 것이 원만히 진행 중에 본교 여교원 김미리암(영숙) 씨의 열심히 교수하심과 후원 제씨의 성의를 감사하오며 또한 남학교 교원 송갑열 씨는 가사로

II 『宗古聖公會月報』, 1918년 9월 교구의회 결의록 부록에서 발췌

인하여 사직하시고 본 교회 이마태 씨가 교무를 집행하오니 해 씨의 열성을 감사하오며 더욱더욱 해씨의 열성을 부조하여 교육 사업이 진흥되기를 바라나이다."

여학교를 후원하시는 제씨는 아래와 같음.

송인섭, 천기형, 송관섭, 김찬응, 송근섭, 유연하, 임정호, 이창여, 전용순, 박병무, 민철호, 임병갑(무순).[I]

열린 선교

성공회는 병천 지역에 들어와 선교 활동을 벌였는데, 여타 교파와 큰 차이점을 보였다. 그 특징 중 하나로 신자가 아닌 일반인에게도 교회의 문을 활짝 열었던 점을 들 수 있다. 그 예로 교회 내에는 비신자를 포함한 기독청년회[II]라는 모임이 있었는데, 지역 발전을 위한 활동을 활발히 벌였다. 이 모임은 후에 아우내만세운동을 비밀리에 준비하고 운동에 적극적으로 앞장섰다.

이런 점은 신자를 '교회'라는 틀 속에 맞춰 넣어 '특정한 교

I   『宗古聖公會月報』, 1923년 12월 성공회보 천안 전도구 병천지부소식에서 발췌.

II   당시 전도사였던 박병무(어거스틴)가 젊은 청년교인들을 주축으로 하여 창립한 청년 모임으로 회장은 박병무이고 회원으로는 이사겸, 강태희, 이상운, 유연하, 홍장섭, 박제식, 김소용, 오충환, 이정래, 변명철, 이한용, 서병준, 이종성 등이 이었다. 회원들 중에는 교인이 아닌 사람들도 있었다. 이 모임은 후에 아우내만세운동을 비밀리에 준비하고 또 활동했다. (강준희(애단) 신부님의 '내가 본 3·1운동' 중에서)

초창기 진명학교 교사들과 학생들의 단체 사진이다. 1912년에 찍은 사진으로 뒷줄에 선 교사들 중에서 오른쪽에 서 있는 짧은 머리의 남자가 김구응 선생으로 추정된다.

인'으로 포섭하려는 타 교파의 교조주의적 선교와는 많은 차이점을 보인다. 성공회는 선교에만 얽매이지 않고 교육 사업을 벌이는 등 다양한 활동에 관심을 기울였으며, 비신자에게도 개방적이었다. 성공회의 이런 면모는 성공회가 지역을 위한 활동을 활발히 하면서도 그에 비해 교세(교인수)가 적은 이유와 연관된다.

성공회가 이 지역에 들어와 처음 시작한 것은 교육 사업이었다. 강대형(아브라함)이 사재를 털어 만들었던 흥호학교가 경영난을 이기지 못하고 문을 닫게 되자, 당시 병천 성공회의 관할 사제였던 구세실 신부는 교육기관 설립에 대한 지역민들의 바람과 강대형의 간곡한 부탁을 받고 흥호학교를 전신으로 하여

1910년대 성공회교회와 교인들의 모습이다. 갓을 쓴 남자 교인들과 학생모를 쓴
어린이들의 모습이 이색적이다. 앞줄의 아이들은 모두 진명학교 학생들이다.

바로 진명학교를 설립하게 된 것(1912년)이다.

진명학교는 신자는 물론 모든 사람에게 열린 공간이었다. 이
곳에서는 일반 학과 공부를 포함하여 정구, 수영, 야구, 배구,
스케이트 등 당시 외국에서 들어온 운동을 외국인 사제(구세
실 신부)가 가르쳤고 전도사(이기덕, 김인순, 박병무 등)는 나팔
과 같은 서양악기를 연주하는 법도 가르쳤다고 기록에 남아 있
다.[1]

---

[1]　『이대로 섬기기를 원합니다』, 대한성공회출판부, 1998, 15-16.

그리고 옛 성공회보에 따르면 병천 성공회에는 사제가 상근하지 않고 약 3개월마다 한 번씩 들러 미사를 집전한 것으로 기록되어 있다. 따라서 교회는 상주하는 전도사가, 학교는 김구응 선생이 책임지고 운영했다.

"본 교회를 다스리시는 사제는 구신부이온대, 천안 부토리교회에 주거하시고 각 교회를 석 달에 몇 번씩 순찰하시며 성체성사를 베푸시니 한 곳에 가셔서 여러 날 유하시기가 극히 어려운지라. 그러나 금번 부활성절에 특별히 병천성공회에 오셔서 건립성체대례일로부터 부활 후 일일까지 계시되 오지 아니한 교인의 수효가 참여한 교인의 수효보다 지나게 되었으니 가히 탄식할 만하다."[II]

외국인 사제 대신 상주하고 있던 한국인 전도사들은 이기덕 (1908-1910 전도사로 재직), 김인순(바나바, 1910-1916 전도사로 재직), 박병무[III](어거스틴, 1916-? 전도사로 재직) 등이 바로 그들이다. 이들은 예배를 인도하는 것은 물론, 김구응 선생과 함

[II] 『宗古聖公會月報』, 1916년 7월 충남천안병천 성공회통신에서 발췌

[III] 박병무(어거스틴, 1887-1956)은 천안 출신으로 병천 성공회에서 1911년에 조마가 주교로부터 견진을 받았으며, 33세 때인 1919년에 당 교회 전도사와 진명학교 부교장으로 있으면서 아우내만세운동을 준비하고 실행하는 데 큰 역할을 담당했다.

김인순(바나바) 전도사, 1910년-1916년 병천성공회 전도사로 재직

박병무(어거스틴, 1887-1956) 천안 출신,
1919년에 병천 성공회교회 전도사와 진명학교 부교장으로 있었다.

께 진명학교 교사로서 활동하며 지역 내 대다수 청년 학생과 두터운 친분을 유지하며 많은 영향을 끼쳤다. 이런 연유로 당시 진명학교 학생 출신인 강준희(애단) 신부(1949년 서품)와 김태순(엘리야) 신부(1954년 서품) 두 명의 사제를 배출하기에 이른다.

이 밖에도 성공회는 진명학교를 운영하면서 지역 주민 모두가 참여하는 운동회를 개최하여 큰 호응을 얻는 등 지역 내의 열린 공간으로 기능했다. 이로써 지역민의 문화 수준을 한 단계 높여주는 선도 역할을 맡은 동시에 지역사회의 구심점으로 자리를 잡았다.

3장

그날의 함성

그해 그날의 3 · 1운동

　1919년 기미년의 한국 사회는 일본 제국주의의 무단통치가 극에 달해 우리 국민은 깊은 시름과 우울감에서 헤어 나오지 못하는 암울하기 그지없는 시기였다. 1910년 한일합방 이후 일제는 무단통치의 일환으로 토지조사사업[I]과 집회 금지 법률을 공포하고,[II] 종교 탄압[III] 조치 등을 전격적으로 단행하여 십여

I　1911년부터 1918년까지 진행되었다. 우선 토지를 한국인으로부터 빼앗아서 일본인 내지 한국인 지주에게 공급해 주는 조치이기도 하고 또 한편으로는 지세 수입을 확보해서 재정을 강화하려는 조치이기도 하다. 그래서 여기에 대해서는 많은 논쟁이 있지만 우선 소작인들의 모든 권리가 철저히 배제되었다. 그래서 상대적으로 지주들만의 일방적이고 배타적인 권리를 확립하게 된다.

II　가장 대표적인 집회 취체에 관한 건이다. 1910년 8월 25일에 공표했으니, 22일 한국을 병탄한 직후에 발표되었음을 알 수 있다. 취체란 단속과 마찬가지이다. 요즘 말로 하면 집회 및 시위에 관한 법률이라고 할 수 있다.

III　종교단속이라는 명분으로 일본이 기독교를 일찍 받아들인 것 같지만 실제로는 종교적, 사상적으로 통제하고 획일화시키고 통합하려는 조치이다. 이는 그들의 천황제 이데올로기를 바탕

년 동안 우리 민족을 들들 볶았으니 그럴 수밖에 없었을 터다.

그러던 중 그해 1월 22일 고종황제의 돌연한 승하 소식은 가뜩이나 일본 통치에 대한 반감을 키워가던 당시 사람들의 마음에 불을 지른 격이었다. 이에 조선총독부는 서둘러 고종황제의 사망원인을 뇌일혈(뇌내출혈)이라고 발표했으나, 여러 가지 추측과 의혹이 시중에 떠돌았다. 그중 대표적인 것이 일제가 황제를 독살했다는 '독살설'이었으며, 이와 함께 일본 왕실의 니시모토 마사코(梨本宮方子, 이방자, 1901-1989) 공주와 혼례를 올리게 된 셋째 황태자 영친왕 이은(李垠)이 혼례 날을 앞두고 그 혼례를 원치 않아서 자결했다는 괴소문까지 나돌 정도였다.

이런 소문은 식민지 지배하의 깊은 우울감에 빠져 있던 우리 국민에게 민족적 울분을 촉발한 원인이었으며 이로 인해 배일 감정이 갑자기 치솟게 되었다. 이에 일본은 황제의 장례식 도중에 소요가 일어날지 모른다는 첩보를 입수하고 한층 감시와 경계를 강화했다.

새로운 국면을 이용하여 독립할 계기를 만들려는 냉철한 이성들은 이 기회를 놓칠 리 없었다. 일본 동경 유학생 4백여 명이 조선기독교청년회관에 모여 독립을 선언하였으며(2·8독립

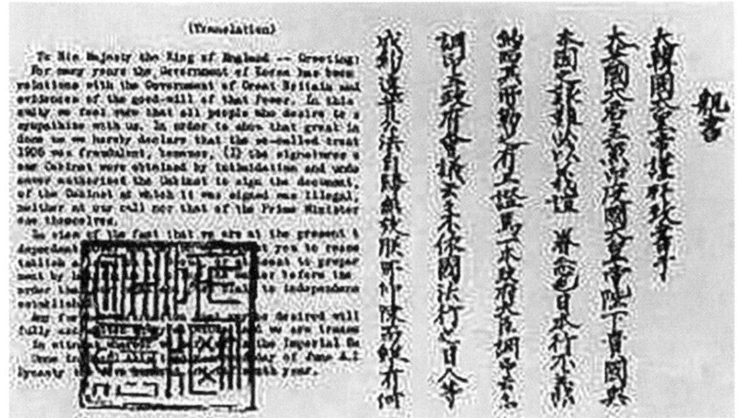

영국에 전달된 제2차 한일 협약이 무효임을 알리는 고종의 친서

고종의 장례 행렬

선언[1]), 이어 3월 1일에 윤치호(尹致昊, 1865-1945), 최남선(崔南善, 1890-1957), 한용운(韓龍雲, 1879-1944) 등 33인이 대표로 작성한 독립선언서가 파고다공원에서 전격 발표되었다. 그리고 3월 3일 고종황제의 국장례가 거행되면서 독립을 부르짖는 만세운동의 물결은 전국으로 확산되었다.

이상은 3·1운동 발발 즈음을 설명한 글이다. 그러나 본 책은 병천(아우내)에서 벌어진 만세운동과 그 주역인 김구응 선생의 이야기인 만큼 3·1운동 당시의 분위기에 대해서는 이 정도에서 그치고자 한다.

이렇게 발발 즉시 들불처럼 번져나갔던 만세운동의 소식은 입에서 입을 통해 빠르게 퍼졌으며, 며칠 후에는 충청남도 천안시 아우내(병천면)에까지 소식이 닿았다. 아우내는 근방 40리에서 가장 큰 장이 서는 곳으로 각지의 문물이 유통되고 충청도 일원의 장돌뱅이를 비롯한 상인들이 모여들다 보니, 자연히 이런 소문이 다른 지역보다 더 빠르고 풍부하게 전해졌다.

덧붙이자면 이곳 용두리 출신인 유관순 열사는 당시 이화학당에 재학 중인 학생의 신분으로 만세운동에 참여하였다가 경무총감부에 붙잡혀 구금되었다가 풀려났다. 3월 10일 서울의 모

---

[1]　1919년 2월 8일 도쿄[東京] 유학생들이 발표한 독립선언. 일명 조선청년독립선언이라고도 한다. 2·8독립선언서는 학생들이 작성했다는 점과 3·1운동 발단에 직접적인 영향을 미쳤다는 데 특색이 있다.

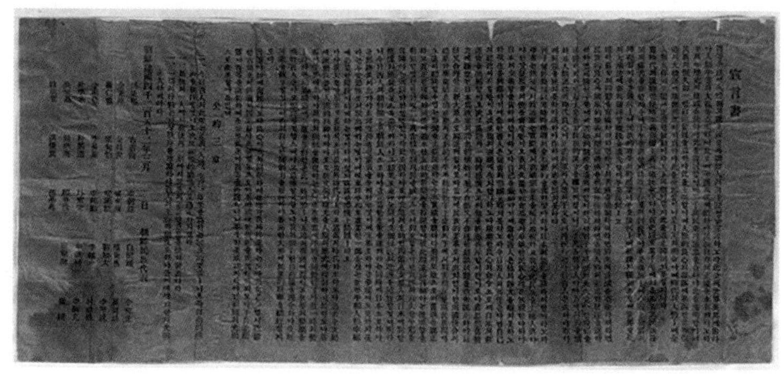

3·1독립선언서(三一獨立宣言書). 1919년 3월 1일 독립만세운동 때
민족대표 33인이 한국의 독립을 선포한 선언서이다. (출처:한국민족문화대백과사전)

든 학교에 휴교령이 내려지자 유관순 열사는 고향인 병천으로
서울의 만세운동에 대한 따끈따끈한 소식을 가지고 내려왔다.

아우내(병천)에는 김구응 선생이 있었다

당시 병천에서 진명학교 교사로 근무하던 김구응 선생에게
3·1만세운동은 학수고대하던 반가운 소식이었다. 그는 일본의
압제가 심해질수록 어떤 식으로든 독립하고자 일본에 항거하
는 민족적 운동이 일어날 것을 예상하고 있었으며 그때를 대비
하여 나름대로 준비하던 차였다.

김 선생은 아우내장을 드나드는 장꾼들에게 전해 들은 전국

각지의 소식을 종합해보았을 때 만세운동이 일회성으로 그치는 것이 아니라 점점 남북으로 뻗어나가 전국적인 운동으로 걷잡을 수 없이 커지리라고 확신했다. 또 교사로 있는 진명학교는 영국을 모체로 하는 조선성공회에서 운영하던 곳이었기에, 영국인 신부[I]와 그곳 전도사[II]를 만날 기회가 잦았다. 김 선생은 이들을 통해 서울에서의 긴박한 소식을 실시간으로 접할 수 있었던 것이다. 따라서 아우내에서 김구응 선생만큼 3·1만세운동의 전후 내막을 자세히 아는 이도 없었다.

또한 3월 13일 고향인 병천으로 내려온 이화학당의 유관순은 자신의 오빠를 지도했던 김구응 선생을 찾아가 서울에서 직접 자신이 참여했던 만세운동의 소식과 그곳의 긴박했던 상황, 그리고 자신이 구금되면서 겪었던 일제의 동향 등을 전했다. 유관순은 아우내에서 만세운동을 한다면 이를 준비하고 앞장서 주도할 수 있는 사람은 김구응 선생밖에 없다는 사실을 잘 알고 있었다.

여기서 아우내(병천)에서 김구응 선생의 위상을 알 필요가 있는데, 이는 몇 가지로 정리할 수 있다.

I   당시 병천성공회와 진명학교에는 상주하며 시무한 사제는 없었으며 천안 전도구를 맡았던 구세실신부가 주일미사 집전을 위해 한 달에 한 번씩 다녀갔으며 진명학교 교장을 겸임하였다.

II   당시 전도사는 김인순(바나바)과 박병무(어거스틴, 1887-1956)인데, 김인순(바나바) 전도사는 1910년부터 1916년까지, 박병무(어거스틴) 전도사는 1919년 2월부터 교회에 상주하여 시무하였으며 진명학교 부교장을 맡아 김구응 선생과 함께 학생들을 가르쳤다.

　첫째로, 그는 아우내에서 가장 큰 근대식 교육기관인 성공회 진명학교의 교사라는 점이다. 마을마다 한문을 가르치는 훈장도 있었고, 당시 아우내에 있었던 성공회나 장로교회의 전도사도 있었지만, 교사라는 직함을 가지고 직접 아이들에게 근대식 교육을 지도했던 사람은 김구응 선생 한 사람뿐이었다. 그 학생 수가 백이십여 명이 훌쩍 넘었다고 하니 인근 지역의 모든 아이는 김구응 선생의 제자들이고, 그의 부모들 역시 김구응 선생을 마을의 지도자로 여겼을 것이다.

　둘째로, 이 지역은 옛날부터 큰 장터였다. 우시장이 있었을 정도였으니 인근 오일장과는 차원이 달랐다. 그만큼 큰돈이 오가는 장터였기 때문에 거부들이 많았다. 이들은 다른 지역의 부자들처럼 봉건적 수구주의자들이 아니라 선진 외래 문물과 사상을 언제라도 받아들일 준비가 되어 있는 진보주의자들이었고 이로 인해 지역 아이들이 근대식 교육을 접해야 한다는 열의로 가득했다. 이들이 아이들을 지도하는 김구응 선생을 열렬히 지지한 이유였다. 이러한 사실은 김구응 선생이 4·1아우내만세운동을 준비하고 계획할 때 지역 유지들이 전폭적으로 만세운동을 지원했다는 것에서 알 수 있으며 결과적으로 병천의 만세운동이 우리나라의 가장 대표적인 3·1만세운동으로 거듭날 수 있었다.

　셋째로, 김구응 선생은 성공회교회와 진명학교와는 별개로 지역 운동을 꾸준히 해왔다. 대표적인 사례로 주위의 뜻있는 사람들로부터 의연금을 걷고 사비를 들여 자신의 동네인 가전리에 청신의숙(淸新義塾)[I]이란 사설 교육기관을 세워 아이들을 가르쳤다는 것을 들 수 있다. 이뿐만이 아니다. 이미 그는 아우내에서 오래전부터 광복회원이었던 유창순[II], 김상훈 등과 독립 방법을 의논하며 농촌계몽운동을 꾸준히 펼쳐왔다. 또한 성공회에서 운영하는 진명학교 교사로 재직하면서 기독청년회 회원들과 깊은 유대관계를 형성하고 있었다. 김 선생이 기독교인이었는지는 확실하지 않으나 기독청년회의 일원으로 그 조직을 이끌었다는 것만은 분명하다.

이렇듯 그는 아우내(병천)에서 어린 학생들부터 젊은이들, 그리고 그 부모들인 어른들, 또 지역의 유지들까지 모두 아울러 실질적으로 그 지역을 움직이는 지도자로서의 위상을 가지고 있었다.

I   의숙(義塾)이라 함은 공익을 위하여 의연금을 걷어 세운 교육기관을 말한다.

II   유창순(庾昌淳, 1886-1927)은 천안 수신면 사람으로 한일합병의 부당하고 굴욕적인 현실을 개탄하고 어떠한 수단으로든지 국권을 회복해야 한다는 결의로 고향 청년들 장두환, 김상옥 등과 경상도 풍기로 내려가 그곳에서 '대한광복회'라는 비밀결사를 조직하여 친일 인사들을 제거하고 광복자금을 모아 김좌진 장군을 돕는 등 활발한 독립운동을 펼치다 일본 헌병에 체포되어 사형선고를 받는다. (『우리 고장의 독립운동가들』, 아우내문화원, 2001, 159-160.)

김구응, 만세운동의 주역

김구응은 서울 파고다공원에서 시작된 만세운동이 전국으로 퍼져나가는 소식에 대한 정보를 여러 경로를 통해 접하고, 서울에서 내려온 유관순에게 자세한 소식을 듣고는 독립운동에 대한 의지를 불태우기 시작했다. 더군다나 이미 천안 지역과 직산 등지에서도 크고 작은 시위가 벌어지던 참이었다.

또한, 3월 14일에는 바로 옆 동네인 목천보통학교에서 학생 백이십여 명이 교정에서 만세운동을 벌였고 학생들 다수가 붙잡혀 들어갔다. 3월 20일에는 천안 입장에서 광명학교 교사, 학생 80여 명과 직산금광노동자들, 주민들 1,000여 명과 함께

서울 탑골 공원에 위치한 3 · 1운동 서판 (출처:위키피디아)

입장면 양대리 시장에 나가 군중들과 함께 태극기를 흔들며 대한독립만세를 외쳤다. 그리고 이어 이곳에서 3킬로미터 정도 떨어진 입장의 장터로 향하여 약 300명의 군중과 함께 대한독립만세를 외쳤다는 소식을 들었다.

이에 교사인 김구응 선생은 병천 지역에서 시위를 주도해야겠다는 사명감을 더욱 불태우게 되었다. 그래서 어떻게 하면 인근 지역과 달리 많은 인원을 조직적으로 동원하여 대규모 시위를 조직하는 동시에 평화롭게 만세운동을 전개할 수 있을지 고심에 빠졌다.

이에 김 선생은 진명학교에서 함께 학생들을 가르치면서 학교의 부교장이기도 한 병천교회 전도사인 박병무[I](어거스틴), 그리고 지역의 청년 지도자인 강태희[II] 등을 비롯한 교회 청년들과 함께 매일 밤 비밀리에 교회사무실에 모여 만세운동을 기획하기 위해 사전회의를 가졌다.

하지만 사람들이 모이는 일조차 그리 쉬운 일이 아니었다. 연일 여기저기서 일어나는 만세운동으로 일제의 감시가 그 어

I 박병무(어거스틴)은 강화읍 전도사로 시무하다가 1919년 2월 26일 자로 본 병천교회 전도사로 발령을 받고 오게 된다.(『宗古聖公會月報』 1919년 5월호 강화읍전도구 소식 참조) 아우내 만세운동은 4월 1일에 일어났으니 박병무 전도사는 이곳 병천에 오자마자 만세운동을 준비하고 이에 동참하게 된 것이다.

II 강준희(애단) 신부의 형인 강태희는 고종황제의 친위대 대원으로 있었으나 고종황제가 갑자기 승하하신 후 일제가 친위대를 해산시키자 일본군에 편입하지 않고 곧바로 고향인 병천으로 내려와 독립운동을 계획한다. 그의 자손들이 현재 병천에 거주하고 있다.

느 때보다도 엄중하여 시도 때도 없이 허리에 칼을 찬 일경들이 발맞춰 장터거리를 순찰하고 돌아다녔다. 일경들은 삼삼오오 사람만 모여 있으면 칼을 뽑아 들고 해산시켰으며, 장사꾼들의 봇짐과 좌판을 뒤지고 엎어버리기도 하였다. 뿐만 아니라 해가 져서 어두워지면 불 켜진 집에 들이닥쳐 강제로 소등을 시키는 등 날로 심해지는 횡포는 말로 다 이를 수 없을 지경이었다. 아우내장터는 실로 공포 분위기 그 자체였다.

이는 만세운동이 남북과 동서의 각 마을 구석구석으로 퍼지자 만세운동의 규모가 더 커지기 전에 막아보려는 일제의 초조함에서 비롯된 행동이었다. 일제는 이처럼 철저하게 사람들을 감시하고 통제했지만 그들도 감히 건드릴 수 없는 곳이 있었으니, 바로 성공회교회와 진명학교였다. 성공회는 일본과 동맹[III]을 맺고 있는 영국이 직접 운영하는 곳이었고, 더군다나 영국 신부가 딱 버티고 앉아 있으니 감히 함부로 들어와 뒤지는 등 행패를 부릴 수 없었다.

III   영일동맹(英日同盟)을 이른다. 러시아를 공동의 적으로 하여 동진을 방어하고 동시에 동아시아에서의 이권을 분할하려는 영국과 일본 두 나라의 이해가 결부되어 3차례에 걸쳐 체결한 조약을 말한다. 제1차 영일동맹은 1902년 1월 런던에서 체결되었으며 청나라를 영국이, 대한제국을 일본이 지배함을 인정했다. 제2차 영일동맹은 1905년 8월에 일본이 러일전쟁에서 승리한 후 한반도와 만주로부터 러시아 세력을 축출하고 대한제국에 대한 지배를 외교적으로 보장받은 조약으로, 근본적으로는 제국주의 열강들이 약소국을 침략하고 지배하려는 상호간의 땅따먹기, 나눠먹기 조약이다. 그리고 6년 후인 1911년 7월 13일에 제3차 영일동맹을 성립시켰으며 그 내용은 미국을 동맹협약에서 말하는 제3국에서 제외하는 내용이 골자이다.

영일동맹 이후의 양국 관계를 묘사한 판화. 에드워드 7세를 대신하여
메이지 천황에게 가터 훈장을 수여하는 아서 왕자. (출처:위키피디아)

　그래서 김구응 선생은 진명학교 내에 아우내만세운동을 계획하고 준비할 수 있는 본부를 설치하고 평소 조직해놓았던 청년들의 모임을 가질 수 있었다. 그리고 여러 날에 걸친 회의를 진행한 끝에 구체적인 방안을 제시하고 일정을 정한 다음 역할을 분담했다. 이는 여러 정황과 만세운동의 관련자들이 전한 증언에서도 알 수 있다. 이는 다음 항에서 세세하게 살펴보자.

　한편 김구응 선생이 성공회의 진명학교를 거점으로 삼아 아우내만세운동을 계획하고 준비했다는 것은 또 다른 정황으로도 설명할 수 있다.

이는 일본이 재판한 아우내만세운동에 대한 기록에서 살펴볼 수 있다. 당시 기록을 살펴보면 아우내만세운동을 두 건의 사건으로 나누어 별도의 재판을 받은 것[1]으로 되어 있다. 이는 일본 재판부가 다른 지역에서 벌어진 만세운동을 그 운동에 참여하다 잡힌 사람들을 한 데 묶어 하나의 사건으로 처리했던 것과는 크게 다른 점이다. 우리는 이로 인해 바로 아우내만세운동의 주도 세력이 하나가 아니라 최소한 둘 이상이라는 것과 두 세력이 별도로 만세운동을 준비했다는 사실을 알 수 있다. 이는 재판부가 도저히 이 사건을 하나로 처리할 수 없었던 배경을 설명해준다. 그 이면을 자세히 살펴보면 두 세력이 아주 긴밀하게 협조하였다는 것도 간과할 수 없다. 병천은 무척 작은 지역인데도 대규모인 데다가 조직적인 만세운동이 한날한시에 같은 장소에서 일어났기 때문이다.

두 세력이 사전에 긴밀하게 교류하고 미리 협조를 받아내지 않았다면 불가능한 일이다. 이는 분명 두 세력을 연결하고 조정하는 지역공동체가 그 중심에 있었다고 봐야 한다. 만세운동이 일어났던 때는 지금처럼 통신이 발달했던 시절도 아니고,

---

I 아우내만세운동에 대한 일본 재판부의 재판 기록은 두 건으로 그 하나는 「대정 8년 공 제 172호」의 판결문으로 피고는 수신, 성남, 병천에 사는 김교선, 한동규, 이백하, 김상철, 이순구 등에 대한 것이고, 또 다른 하나는 「대정 8년 형공(刑控) 제513호」의 판결문으로 피고는 조인원, 김상훈, 유관순, 유중무, 김용이, 조병호, 백정운, 신씨, 조만형, 박만석, 박봉래 등 주로 조병옥 박사와 유관순 열사의 가족이 중심이다.

기껏해야 사람의 입과 발에 의존하여 연락을 주고받았을 시절에 만세운동 같은 조직적인 거사를 준비하기는 어려웠을 것이다. 분명 모든 일을 총괄하고 조정하던 공동체가 있었으리라고 추정하는 배경이다.

그렇다고 오로지 거사를 위해 공동체가 급박하게 조직되었을 리는 만무하다. 오히려 기존에 있던 공동체를 이용했으리라고 본다. 당시 병천에 그만한 역할을 할 수 있는 공동체는 성공회와 그곳에서 운영하던 진명학교뿐이었다. 감리교회는 성공회보다 먼저 들어왔지만, 곧 없어졌고 만세운동이 끝난 1920년에 다시 세워졌으며[I] 그 밖에 그런 일을 감당해낼 만한 다른 공동체는 병천 지역과 근방에는 없었다.

아우내만세운동을 계획하고 준비하다

성공회와 진명학교, 그리고 공동체 내 소모임이었던 기독청년회는 김구응 선생과 박병무 전도사가 주축을 이루었다. 전술했던 바와 같이 김구응 선생이 기독교인이라는 구체적인 기록은 없다. 김 선생은 성공회에서 운영하는 진명학교 교사였지만

I   강준희, 『이대로 섬기기를 원합니다』, 대한성공회 출판부, 1998, 186.

성공회 교적부에 그의 기록이 없는 것[II]으로 보아 아마 세례를 받았다든지 미사에 참석하기 위해 교회에 출석하지는 않았던 모양이었다.

아니면 그가 병천에 거주하기 전, 충북 진천과 충남 천안 입장에서 면사무소 서기관으로 일한 경력이 있는데, 이때 성공회에서 세례를 받았을 수도 있다. 그가 근무했던 두 곳은 모두 성공회가 일찌감치 들어와 근대식 병원과 학교를 지어 선교하던 지역이었으니 성공회를 접했을 수도 있다. 그곳 어디에선가 세례를 받았다면 교적부에 반드시 기록되었을 것이나, 이는 확인되지 않았다.

하여튼 성공회는 예나 지금이나 다른 교파처럼 교세를 확장하기 위해 교인을 포섭(전도)하여 교회의 일원으로 만드는 폐쇄적인 방법으로 전도하지 않는다. 그보다는 지역에서 의료 사업이나 교육 사업 같은 활동으로 그리스도의 정신을 구현하는 데 더 큰 힘을 쏟는다. 그래서 성공회에서 운영하는 학교나 병원, 또는 여타 복지기관에 종사하는 사람이더라도 성공회 교회에 출석하는 것을 의무로 만들거나 강요하지 않는다.

김구응 선생이 진명학교 교사로 재직하면서도 성공회 교회에는 출석하지 않은 것으로 짐작하는 이유다. 당시 교적부를

II   대한성공회 병천교회의 1945년 이전 옛 교적부는 모두 성공회대학교 역사자료관에 기증하여 보관되어 있다.

살펴봐도 김구응에 대한 기록은 없으며 그가 성공회 내 어떤 기록에서도 세례명으로 불린 흔적이 없기 때문이다. 김구응 선생은 항상 진명학교 교사로만 기록되었다.

하지만 김구응 선생은 성공회 내에 있던 기독청년회의 일원이었던 것은 분명하다. 참고로 기독청년회는 성공회교회에 출석하는 젊은 청년이 주축을 이룬 모임이기도 하지만 그보다는 아우내 지역 청년들이 모여서 함께 시국을 토론하고 신문물과 학문을 공부하는 모임이었다. 성공회 전도사인 박병무와 진명학교 교사 김구응이 모임을 이끌었다.

병천 성공회교회 초창기 선교의 큰 역할을 담당했던 박병무 신부의 아들이 결혼할 때 찍은 가족사진이다. 뒷줄 사제복을 입은 분이 박병무 신부이다. 배경에 보이는 만국기 중 욱일승천기와 독일 나치기가 보이는 것이 이채롭다.(전 이화여자대학교 전길자 교수 제공)

이들은 3·1만세운동이 전국적으로 확산되고 가까운 천안과 입장, 그리고 목천에서도 만세운동이 일어났다는 소식을 접하면서 병천에서도 만세운동을 준비해야겠다는 의지를 규합하였으며, 매일 밤 진명학교에 모여 계획을 수립했다.

그곳에서 모의하고 준비했던 구체적인 시위 계획은 다음과 같다.

효과적으로 시위를 하기 위해 지역 책임자를 선정하였다. 모두 6개 지역으로 나누었는데 주로 기독청년회의 회원들인 목천면의 홍장섭, 북면의 유연하, 병천면(당시 갈전면)의 박제식, 동면의 김소용, 수신면과 성남면의 강태희다.

인근 지역 인원을 최대한 동원하고 지역 내 유지들의 협조를 최대한 받아내 거족적 만세운동이 되도록 한다.[I]

만세운동은 평화적 방법을 원칙으로 하며 어떤 일이 있어도 폭력을 사용해서는 아니 된다.[II]

만세운동 당일에 사용할 태극기 그리는 일을 하였다. 이 일

I 이 지역 거부였던 송인섭, 최학서 등의 협조를 얻어 당일 만세운동에 참석한 모든 사람에게 국밥을 지어 먹이기로 하였다.

II 당시 이 지역에는 7명의 일본헌병들이 주둔하고 있었으며 그 가족 모두를 합쳐도 결코 20여 명은 넘지 않았을 것이라고 추정한다. 오천여 명의 시위대가 만세운동을 하는 과정에서 한국인은 54명이 죽고 수십 명이 부상을 당했지만 일본인가 피해는 전혀 없었다는 것이 이를 잘 증명해주고 있다. (천안 향토사 연구소 임태순 소장의 말 중에서)

은 박병무 전도사는 물론 김구응 선생과 진명학교 학생들, 그리고 교인들이 대거 참여하였다.[1]

이는 물론 진술에 따른 것이며 그 진위를 파악하기란 어렵다. 다만 유관순 열사가 태극기를 만들었다는 기록은 남아 있으며 이를 뒷받침할 만한 근거 역시 확실하다.

"피고 유관순은 재경성(在京城) 이화학당(梨花學堂) 생도인 바 대정 8년 3월 1일 경성에서 손병희 등이 조선독립 선언을 발표하고 단체를 만들어 조선독립 만세를 외치며 각처를 행진하며 독립 시위운동을 벌이는 모습을 보고 동월 13일 귀향하여 4월 1일 충청남도 천안군 갈전면 철천(喆川) 시장 장날을 이용하여 조선 독립 시위운동을 전개할 것을 꾀하고 자택에서 태극기(구 한국 국기 압수 영 제1호)를 만들어 이를 휴대하고, 동일 하오 1시경 동 시장으로 나아가 그곳에서 수천 명의 군중 단체에 참가하여 전시 태극기를 휘두르며 조선독립만세를 외치고 독립 시위운동을 감행하여 치안을 방해하였고……"(후략)[2]

I   강준희, 『이대로 섬기기를 원합니다』, 대한성공회 출판부, 1998, 179.

II   「대정 8년 형공(刑控) 제513호」 판결문 중에서 유관순 열사가 태극기를 제작했다는 사실은 확실하다. 당시 태극기가 어떻게 생겼는지 아는 사람이 병천에는 극히 적거나 아예 없었을 것이다. 따라서 서울에서 이미 만세시위운동을 보고 겪은 유관순 열사가 가지고 내려온 태극기를 참고하여 대량 제작에 나섰을 테다. 물론 유관순 열사가 태극기를 제작하는 작업을 시작했을 테지만 기껏 보름 남짓한 기간 동안 인쇄에 의존하지 않고 수천 장의 태극기를 혼자 그렸다는 것은 불가능하다.

그러므로 유관순 열사가 서울에서 가지고 내려온 태극기를 참고로 교인들과 기독청년회 회원들, 학생들이 함께 진명학교에 모여 비밀리에 제작하였다는 진술이 설득력이 있다. 이를 뒷받침하는 근거로 수천 장이나 되는 많은 태극기를 그릴 수 있는 장소와 인원이 동원될 만한 곳은 진명학교뿐이었다. 또 진명학교는 영국인 사제 구세실 신부가 교장으로 있으니 일본의 감시와 통제로부터 조금은 자유로운 곳이었을 테다.

또한 작은 지역사회에서 일본 경찰도 지역 유지들의 도움을 받고 있던 터라 당시 유지였던 강대형(아브라함)[III], 정관서(요셉)[IV] 등이 신자들의 지도자로 있는 성공회 교회나 진명학교에

III　강준희(애단) 신부의 부친, 강신학(세실) 전 사제회장의 조부

IV　당시 성공회교회의 신자회장

대하여 그토록 강압적인 태도를 보일 수는 없었을 것이다.

그러나 아우내만세운동에 대한 준비가 순조롭지만은 않았
다. 준비가 한창이던 3월 24일, 만세운동이 일어나기 일주일
전에 목천면에 있던 목천보통학교에서 학생과 청년 그리고 지
역 유지들이 모이기로 했다. 그래서 병천 대표로 강태희를 비
롯한 각 지역의 연락을 담당하는 대표 다섯 명[I]은 전날 목천으
로 향했다. 다섯 명은 다음날 회의를 마치고 돌아오던 중, 학교
에서 모임이 있었다는 사실을 몇몇 학생들[II]이 헌병대에 알려
체포되고 말았다.[III]

이에 강태희의 아버지인 강대형(아브라함)은 몽둥이를 들고
헌병대를 찾아가 유리창을 부수며 "제 나라를 독립시키겠다고
만세를 부른다는 것이 무슨 죄란 말이냐? 당장 우리 아들을 내
놓아라!"라고 호통을 쳤다. 일본 헌병들은 강대형을 가벼이 여
길 수 없었다. 그는 헌병대장과 친구이기도 하고, 또 마을 유지
인 동시에 수많은 인원을 동원할 능력이 있는 옛 동학의 충청
지역 주요 지도자였기 때문이다. 헌병들은 어쩔 수 없이 그를
잘 달래어 보내고 다섯 명을 며칠 후에 풀어주었다. 또한 다섯

I   목천면의 홍장섭, 북면의 유연하, 병천면(당시 갈전면)의 박제식, 동면의 김소용, 수신면과
성남면의 강태희 이상 다섯 명이다.

II   당시 목천 보통학교 청년 학생이었던 박승철, 홍재섭이 그들이다.

III   병천헌병대 보조원으로 있던 조선인 정춘영과 맹성호가 바로 그들이다.

명 중 한 명인 박제식(병천 담당)은 총살당하기 직전, 폭동의 원인을 제공하는 일이라며 극구 만류한 니시모도[西木] 전(前) 헌병대장 덕분에 겨우 위기를 모면하기도 했다.[IV]

아우내만세운동의 현장

만세운동을 앞둔 며칠 전부터 병천의 주위에 있는 모든 산에서 봉화가 피어오르기 시작했다. 이는 당시 전국적으로 만세운동이 확산하면서 곳곳에서 보였던 봉화 시위의 일환으로 비단 병천만의 풍경은 아니었다. 거사를 하루 앞둔 전날 밤, 평상시와는 다르게 병천 곳곳을 둘러싼 동림산, 서림산, 은석산, 매봉산, 상봉산 등에서 일제히 봉화가 피워 올랐다.

그러나 일본 경찰은 이를 눈치채지 못했다고 한다. 물론 유관순 열사도 4월 1일(음력으로는 3월 1일), 사람들이 많이 모이는 장날을 이용해 만세운동을 알리려고 직접 매봉산에 올라 봉화를 올린 것으로 기록되어 있다. 유관순 열사는 이에 앞서 그의 사촌 언니 유예도와 함께 인근 지역을 돌아다니며 만세운동을 알리고 사람들의 참여를 독려하였다. 이에 관해 그의 사촌

IV　강준희(애단),『내가 본 3 · 1운동』, 37.

동생인 유정석은 아무래도 일본 경찰의 눈을 피하기에는 어린 여학생들이 유리했기에 이들이 나섰을 것이라고 증언했다.

한편, 김구응 선생과 박병무 전도사는 당시 진명학교 학생들과 기독청년회원 등 사십여 명을 동원하여 장날에 모여든 군중에게 태극기를 일일이 나누어주었다. 며칠 전부터 유관순과 김엘리야[I], 김인애[II], 강신덕[III], 강태민[IV] 등이 밤마다 모여 직접 그려서 만들었던 태극기였다.

평소보다 많은 군중으로 뒤덮인 병천 읍내 아우내장터는 그야말로 인산인해를 이루었다. 기록마다 그 동원 규모에 차이[V]가 있는데 병천 읍내의 규모나 아우내장터의 크기(길이 350미터, 폭 40미터)와 당시 동원이 가능한 인근 지역 주민의 인원수를 고려해볼 때 약 오천여 명 정도로 추산하는 것이 타당해 보

I   본명은 김장수, 후에 김태민으로 이름을 바꾸었으며 서울교구 김근상 신부의 부친이며 당시 진명학교 학생이었다. 후에 봉황리교회에서 운영했던 진명학교 교사로 부임하여 전심으로 학생들을 가르친다. (宗古聖公會月報, 1927년 3월호, 천안봉황리교회소식/ 宗古聖公會月報, 1928년 3월호, 천안 전도구 소식 참조)

II   김엘리야의 2살 아래 누이

III 강준희(애단) 신부의 형, 병천교회 전 사제회장 강신학(세실) 교우의 부친

IV   신명은 마리아, 강준희(애단) 신부의 셋째 누님.

V   "2-3만명은 족히 모였다." (강준희(애단),『내가 본 3 · 1운동』, 38.), "장터에는 이미 3천여명이 장꾼을 가장하여 북새통을 이루고 있었다." (이정은,『유관순』, 한국독립운동사연구소, 충남, 2004, 330.), "1만 군중은 독립만세를 끊임없이 높이 부르면서" (『신한민보』, 1919. 9. 2.), "천안군의 병천장에서 의사 김구응이 남녀 6천4백명을 소집하여 독립을 선언하였다." (김병조,『한국독립운동사략』상, 상해선민사, 107.), "1일 오후 1시 병천시장에서 약 3천여명의 군중이 구한국기를 선두에 세우고 독립운동을 개시하여" (김정명,『조선독립운동1-민족주의운동 편』, 原書房, 1967, 489.)

인다.

그리고 시위를 벌였던 군중에서 누가 앞장섰는지 진위를 가르는 여부에 관하여 상반된 주장이 거론된다. 우리에게 가장 많이 알려진 것은 조인원[VI]과 유관순 열사가 시위를 주도했다는 주장이다. 이는 해방 후에 조병옥 박사의 주도하에 유관순 열사를 기리는 영화가 제작되면서 비롯한 연유로, 역사적 사실과는 다소 거리가 멀다. 이 영화도 신빙성 있는 자료와 증언을 토대로 제작했겠지만, 어느 특정한 한 면만을 부각하여 나머지 사실은 모두 이 영화로 가려졌다고 해도 과언이 아니다.

앞서 서술한 바와 같이 이 만세운동을 주도한 세력은 최소 두 개 이상의 서로 다른 집단이었다. 이 운동은 한 장소에서 두 개 이상의 주도 세력에 의해 진행되었다고 봐야 한다. 음향시설 같은 것이 전혀 없던 시절에 단지 육성만으로 오천여 명이나 되는 군중을 길이가 삼백오십 미터나 되는 긴 종렬의 장터에서 한 무리가 선도한다는 것은 불가능한 일이다.

그래서 만세운동에 앞장선 그룹은 조인원, 유관순이 이끄는 용두리 방면에서 모인 군중과 박병무 전도사와 김구응 선생이 이끌었던 병천 성공회의 기독청년회와 진명학교가 주축을 이룬 군중이 있었다. 또 그 밖에도 한두 무리의 군중이 더 있었을

VI   조병옥 박사의 부친

신한민보에 실린 유관순 관련 기사. '한 이화여학생의 체포-소녀의 양친은 원수에게 피살'

것으로 예상하는데, 이는 후에 있었던 일본 재판 기록에서도 살펴볼 수 있다.[1]

오천 명 이상 되는 군중이 만세운동에 참여한 반면에 당시 병천 지역에 있던 일본 헌병은 모두 일곱 명이었고 그 가족까지 어림잡아 이십 명은 넘지 않았을 것이다. 그런데도 일본인에 대한 피해를 기록한 정보가 전혀 없었던 것으로 짐작건대

---

[1] 「대정 8년 공 제172호」의 판결문으로 피고는 수신, 성남, 병천에 사는 김교선, 한동규, 이백하, 김상철, 이순구 등에 대한 것이다. 이들에 대한 공소 사실에서 보면 이들은 만세운동을 사전에 모의하고 당일 군중에게 태극기를 나누어주며 군중이 장터를 빠져나가지 못하도록 했으며 군중 앞에서 만세를 선동하였고 일본 헌병이 발포 등 과잉 진압을 하는 것에 대해 항의하기 위해 헌병지소에 난입하여 기물을 파손하는 등의 사실을 모두 인정하였다.

만세운동이 초기에 얼마나 평화적으로 진행되었는지를 보여주는 좋은 예다. 점점 더 많이 몰려드는 군중에 몹시 겁에 질렸던 일본 헌병은 지원군을 요청했고 오후 늦게서야 연락을 받은 일본군 두 소대가 도착하여 총을 쏘며 진압하면서 많은 사상자가 발생했으며,[II] 만세운동은 새로운 국면으로 접어들었다.

일본군의 총탄에 가장 먼저 쓰러진 자는 가장 선두에서 군중을 이끌었던 진명학교 교사인 김구응 선생이었다. 그는 만세운동을 계획하고 준비했을 뿐만 아니라 거사 당일에는 독립선언문을 낭독하고 대한독립만세를 부르며 군중을 인도하다가 지원을 나온 일본군의 총탄에 의해 현장에서 사살되었다.

이는 여러 기록과 증언에서 나타난다. "쓰러진 그의 손에는 독립선언서가 쥐어져 있었다"[III]라고 전해지며, 당시 시위에 참여했던 조만형[IV] 등은 생전에 "독립선언서 낭독을 김구응이 했다"[V]고 증언하기도 하였다. 반면에 천안향토사연구소장인 임명순 소장은 여러 정황으로 보아 아우내만세운동에서 독립선언서를 낭독했다고 보기 힘들다는 주장을 펼치기도 한다. 그러

II 모두 47명(신원 파악된 자 37위, 무명 11위)이 일본 헌병에 의해 사살되었으며 이들에 대한 위패를 병천면 라이온스클럽 회원들이 만들어 그곳에 계속 모셨다가, 현재는 유관순 기념관 옆 사당으로 옮겼다.

III 이정은, 『유관순』, 한국독립운동사연구소, 충남, 2004, 346.

IV 성공회 교인으로 만세운동에 적극적으로 가담하였고 생전에 동아일보와의 인터뷰에서 김구응에 대한 증언을 하였다.

V 『중앙일보』, 1991. 3. 1.

병천면 초입에 서있는 김구응 열사와 그의 모친 최정철 열사의 묘를 가리키는 이정표이다.
(병천 가전리 한기대 입구)

나 김구응 선생이 만세를 외치는 군중의 맨 앞에서 운동을 주도하다가 총탄에 가장 먼저 쓰러졌다는 것은 분명한 사실이다. 이는 당시 만세운동을 보도한 신문에도 자세하게 나타나 있어 해당 내용을 직접 소개한다.

"지난 4월경에 천안군 병천에서 장날을 이용하여 시위운동이 있었다 함은 이미 보도한 바, 이제 「독립신보」를 의지하여 자세한 소식을 게재하노라.

당초에 독립시위운동이 일어날 때 김구응, 박종만 양씨 주도하에 수천여 명의 군중이 맹렬하게 시위운동을 행할 때 든든하고 당당한 농민 1인이 선두에 태극기를 잡고 행진하는 중에 1만 군중은 독립만세를 끊임없이 높이 부르는데 저 무법한 왜 경관은 그곳에 급히 이르러 적수공권의 손에 촌철의 무기도 갖지 않은 평화적 독립을 부르짖는 우리 족속 삼십여 명을 총살하여 즉시 우리 독립군의 귀신이 되었더라. 부상한 수효는 얼마나 많은지 수효를 다 이루 헤아릴 수 없고 왜 경관이 독립기를 든 사람의 손을 칼로 찍으려 하는 고로 기수는 맨손으로 대검을 잡아 유혈이 림리(淋璃:피가 뚝뚝 떨어지는 모양-필자)하고 마침내 저 왜적에게 복부가 찔려 순절하였으며, 김구응 씨와 왜 경관이 서로 쟁론할 때 저 왜적이 말이 몰려 궁색하여 제가 제 총으로 자살하겠다 하더니 총날을 김 씨의 복부에다 대고 발포하여 당장에 죽인 후에 시체에 대하여 머리를 깨뜨리고 검으로 사지를 어지러이 하매 김 씨의 모친 노인이 이미 시체가 된 김 씨를 어루만져 혼도하며 오랑캐 왜적에게 대하여 "나도 죽여달라"하고 강경한 어휘로 왜적에게 항거한 즉, 저 오랑캐 역시 그의 늙은 모친까지 찔러 그만 세상을 하직하였더라.

부상한 자는 그 부근 병원에 입원시켰는데 병이 좀 나아서 환입하는 자에게는 일일이 항서를 강제로 요구하였으며, 일일이 거절하면 감옥으로 돌려보냈더라."[I]

I   미주 『신한민보』, 1919. 9. 2.

이 기사에서 중요한 점 두 가지를 알 수 있는데, 첫 번째는 김구응 선생의 모친 최정철 여사도 같은 날 현장에서 왜경들의 총칼에 희생되었다는 것이다. 최 여사 역시 만세운동을 준비할 때부터 적극적으로 가담하여 태극기 그리기와 비밀리에 주민들에게 거사에 참여토록 독려하는 등 동분서주하였다. 그러다 아들의 참혹한 죽음을 목도하고 왜경들에게 달려들어 항의하다가 그들의 총검에 무참히 쓰러지고 만 것이다.

두 번째는 '수천여 명의 군중이 맹렬하게 시위운동을 행할 때 든든하고 당당한 농민 1인이 선두에 태극기를 잡고 행진하는 중에……'라는 기사에서 선두에서 대형 태극기를 흔들며 앞장섰던 바로 그가 후에 진명학교 교사를 했던 이종성의 부친 이춘범이라는 사실이다.[I] 아들인 '이종성 역시 만세운동에 앞장섰으며 그 이유로 서울제일고등보통학교에서 퇴학당하고 진명학교 교사로 채용된다.'[II]

이춘범과 이종성에 대한 기록은 성공회에 남아 있는 책자와 신문에는 여러 차례 등장하지만, 그 외의 기록에는 없으며 그의 후손들을 찾아보려는 백방의 노력에도 불구하고 찾지 못하

I "쇠전거리에서 이춘범이 동네 풍물 깃대에 큰 태극기를 달고 일으켜 세워 흔들며 '대한독립만세'를 외치자 수많은 군중들도 손에 태극기를 흔들고 '대한독립만세'를 불러 천지가 진동하였다." (강준희(애단),『내가 본 3·1운동』, 38.)

II 강준희(애단),『내가 본 3·1운동』, 41.

였다. 매우 안타까운 일이 아닐 수 없다.

이 밖에도 성공회 교인으로, 또는 진명학교 학생으로서 만세운동에 적극적으로 참여한 인물로는 정정문, 이바톨로메오, 이사겸, 조만형, 정관서(요셉, 회장)[III], 임화삼(사무엘)[IV], 홍장섭(야고보)[V], 배도삼(사가리아)[VI] 등이 있다.

이상에서 살펴보았듯이 아우내만세운동에서 그 실질적인 주역은 김구응 선생이었으며 그가 시무했던 병천 성공회의 진명학교는 주도적인 역할을 담당했다는 것을 잘 알 수 있다. 그에 속한 많은 인원이 준비과정부터 거사에 이르기까지 성을 다하였고 그 과정에서 사살되었다는 것을 알 수 있다.

김구응 선생과 그가 재직했던 진명학교는 만세운동의 실질적인 주역이었는데도 제대로 된 평가를 받지 못하는 이유는 크게 몇 가지로 볼 수 있다. 자세한 내용은 다음 장에서 살펴보겠다.

III 당시 성공회교회 회장이었으며 천안까지 연행되어 압송되었다가 며칠 후에 풀려나왔다.(강준희(애단),『내가 본 3·1운동』, 41.

IV 가슴에 총을 맞았으나 관통되지 않고 별 탈이 없자 돌아가실 때까지 가슴에 총알을 지니고 살았다고 한다. (강준희(애단),『내가 본 3·1운동』, 41.)

V 헌병대에 체포된 후 모진 고문으로 정신질환을 앓게 되었으나 후에 완쾌된다. 후에는 성공회 봉황리교회에서 운영하던 진명학교 교사로서 활동하기도 하였다. (강준희(애단),『내가 본 3·1운동』, 41.)

VI 헌병대에 체포되었으나 10여 일만에 석방되었다. (강준희(애단),『내가 본 3·1운동』, 41.)

4장

아우내만세운동,
어떻게 평가할 것인가

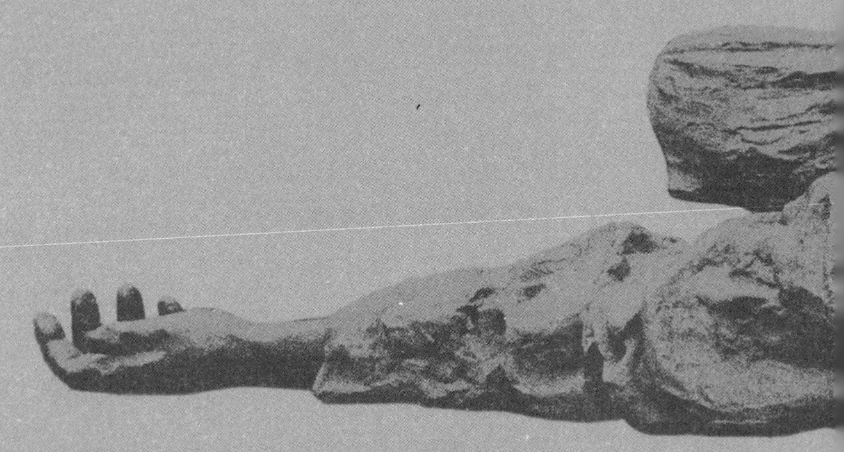

한 개인에 있어서건 그가 속한 공동체에 있어서건 큰 사건을 경험하는 것은 그들의 삶 전반을 뒤흔들어 바꾸어놓을 만큼 영향력이 막대하다. 한국에서는 3·1운동이 그랬고 아우내(병천)에서는 4·1아우내만세운동이었다.

이에 이번 장에서는 김구응 선생과 그가 속한 성공회의 진명학교가 4·1아우내만세운동을 주도했다는 것이 역사적인 사실인데도 응당한 평가를 받지 못한 이유와 만세운동 이후, 아우내(병천)의 분위기가 어떻게 달라졌으며 운동에 참여했던 주민들의 삶이 이후 어떻게 변화되었는지에 대해 알아보겠다.

잘못된 평가

앞장에서 살펴보았듯이 4·1아우내만세운동을 처음부터 계획하고 준비했으며 가장 앞장서 '대한독립만세'를 부른 이는 김구응 선생과 그가 속한 공동체였다. 그런데도 김 선생과 그가 속한 공동체는 만세운동에 있어 제대로 된 평가와 그에 합당한 대우를 받지 못했다. 여기에는 몇 가지 이유가 있는데, 이 이야기를 하자면 먼저 유관순 열사를 언급하지 않을 수 없다.

유관순 열사에 대한 이야기는 허락하에 현재 망우리공원에서 해설사로 계시는 정종배 선생님의 글을 인용한다.

유관순 영웅화에 가려지다

대한민국 헌법 전문에는 "유구한 역사와 전통에 빛나는 대한민국은 3·1운동으로 건립된 대한민국임시정부의 법통과……"라고 명시되어 있다. 이렇듯 3·1운동은 우리나라 건립의 뿌리로 보고 있으며, 그 운동의 상징적인 인물은 유관순 열사다. 유관순 열사는 기독교 집안으로 부모님, 숙부, 그리고 이웃들까지 국채보상운동과 교육구국운동 등 항일민족운동을 하였다고 전해진다. 그 영향으로 유관순 열사는 의롭고 심지가 곧았으며 168센티미터로(5척 6촌) 당시로서는 대단히 큰 키였다고 전해진다. 인물도 훤칠하고 성격이 유달리 씩씩하고 활달하며 뚝심

1910년대 이화학당의 저학년 학생들 모습

도 남달랐다고 한다.

이화여자고등학교 발행 『이화백년사』에 따르면 유관순은 1916년 보통과에 교비생(장학생)으로 편입한 것으로 기록되어 있다. '유관순 열사 어록'에 "나는 학교에서 청소를 하더라도 도움을 받은 것을 갚겠다"는 말이 적혀 있을 정도로 올곧고 반듯한 학생이었다. 그녀는 정동교회의 손정도와 이필주 목사의 영향을 깊이 받았다.

유관순은 4·1아우내만세운동을 주도했고, 일본군 헌병에 체포되어 병천 헌병주재소, 천안헌병대, 공주검사국 및 형무소를 거쳐 서대문형무소에 투옥되었다. 유관순은 1920년 9월 28일

오전 8시 20분 서대문감옥에서 일제에 의해 갖은 고문과 그 후 유증으로 순국하였다. 10월 12일 이화학당에서 유해를 인수하여 수의를 입혔으며 10월 14일 정동교회에서 김종우 목사 주례로 장례식을 거행하고 일제 경찰의 삼엄한 경계 속에 이태원공동묘지에 묻혔다.

2019년 건국훈장 대한민국장(1962년 건국훈장 독립장)을 추서되었으며 국립서울현충원 무후선열제단(위패) 054에 봉안되어 있다.

독립운동 명가인 유관순 가(家) 사람들의 독립운동 활약을 소개하면 다음과 같다.

유윤기(1845-1919) : 유관순의 할아버지, 지령리교회 첫 교인으로 장남 유중권 내외가 일본군에게 학살된 것과 차남 유중무, 손자 유우석과 손녀 유관순이 투옥되는 아픔을 겪고, 두 달 보름 후에 별세하였다.

유빈기(1883-1927) : 유관순의 7촌 할아버지(재종조)이자 유윤기의 사촌 동생. 지령리교회를 설립하였고, 공주읍 3·1운동에 참여하였다가 체포됐다.

유중권(1863-1919) : 유관순의 아버지. 아내 이소제와 함께 1919년 4월 1일 병천 아우내 독립만세운동을 전개하던 중 머리와 옆구리에 중상을 입고 지령리 집으로 옮겨졌으나 다음 날

별세하였다. 1991년 건국훈장 애국장(1963년 대통령표창)을 추서하였다.

이소제(1875-1919) : 유관순의 어머니, 4월 1일 당일 병천 아우내 독립만세운동 중 일본군 헌병에게 학살되었다. 1991년에 건국훈장 애국장(1963년 대통령표창)을 추서하였다.

유우석(1899-1968) : 유관순의 오빠. 4월 1일 공주읍 독립만세 시위에 참여하였다가 일본군의 총검에 자상을 당한 채 체포되어 공주형무소에 투옥되었고, 독립운동에 일생을 바쳤다.

유중무(1875-1956) : 유관순의 숙부. 지령리교회 최초 교인으로 전도사와 교사가 되어 복음을 전하면서 학생들을 교육하였다. 1919년 4월 1일 아우내 독립만세운동으로 체포되어 천안헌병대와 공주형무소를 거쳐 서대문형무소에 투옥되었으며 출옥 후에도 끝까지 지령리교회를 지켰다. 1990년 건국훈장 애족장(1977년 대통령표창)을 서훈하였다.

유예도(1896-1989) : 유관순의 사촌 언니. 4월 1일 병천 아우내 독립만세운동을 주도하다가 도피하여 홍성에서 은둔생활을 하였다. 1990년 건국훈장 애족장(1977년 대통령표창)을 서훈하였다.

노마리아(1898-1982) : 유관순의 사촌 올케. 남편 유경석이 유관순과 유예도를 도피시키고 있는 동안 유중권을 간호했고, 늙고 병든 할아버지 유윤기, 어린 아들 유제경과 함께 집을 지키면서 일본 헌병의 온갖 횡포를 감수해야 했다. 노마리아는 1947년 경찰간부(경위)로 경찰에 입문했다. 1949년에는 경감으로 승진해 대구여자경찰서장을 맡아 1953년까지 경찰로 재직했다.

유제경(1917-2012) : 유관순의 5촌 조카이자 유중무의 장손. 1919년 4월 1일 이후 어머니 노마리아와 함께 지령리 집에 있었다. 초등학교 교사로 시무하던 중 1941년 7월 체포되어 고등법원에서 신사참배 반대와 소위 불경죄로 3년 징역형을 선고받고 투옥되었다가 중국 해남도에서 노역으로 형기를 마쳤다. 1990년 건국훈장 애족장(1983년 대통령표창)을 서훈했다.

"삼월 하늘 가만히 우러러보면 / 유관순 누나를 생각합니다 / 옥 속에 갇혀서도 만세 부르다 / 푸른 하늘 그리며 숨이 졌대요"
_〈유관순 노래〉

여학생들이 고무줄놀이를 하면서 부르는 이 노랫말을 지은 분은 강소천 아동문학가다. 조금 나이 든 사람들은 어린 시절에 입에 담고 살 정도로 많이 불렀던 노래다.

이화여고 1학년 유점선·노예달·신특실·유관순·서명학·김분옥 등은 3·1운동 전날 6인 결사대를 조직하였다. 여섯 명 중에서 유점선·노예달·신특실·유관순 네 사람은 국가에서 독립운동가로 인정하여 서훈을 추서했다. 서울특별시 '우리 동네 3·1만세 운동 참여자 명단'에 김분옥(남대문역전 시위, 3월 5일, 독립운동사 2권 1부(편) 1장 2절)이 수록되어 있다.

유관순 열사의 유해를 찾지 못해 망우리공원 이태원묘지무연고분묘합장비에 함께 있으리라 추정하고 있다.

우리는 아우내만세운동의 주역이 누구인지 제대로 밝혀내는 한편으로, '유관순 영웅화'를 성찰하는 계기도 함께 마련해야 한다. 유관순은 3·1혁명의 상징이며 '한국의 잔 다르크'로 내세우는 인물이다. 그런데 유관순은 정작 3·1혁명 당시와 해방 직후에도 알려지지 않은 인물이었다. 그녀의 존재가 세상에 널리 알려지기 시작한 것은 미군정하에 제작한 국정교과서에 3·1혁명을 수록하고 몇몇 친일 인사와 이화여대 및 기독교의 주도로 기념사업을 추진하면서부터였다.

일제에 의해 토막 살해당했다는 등의 '유관순 신화'도 영화를 촬영하며 만든 이야기다. 3·1혁명 시위 현장에서 순국한 분이 칠천오백여 명이다. 유관순의 부모님도 시위를 벌이다 그 자리에서 순국했다. 유관순은 1년 후 옥사하였다. 옥사한 유관순을 대한민국장 서훈도 '유관순 영웅화'의 하나로 오히려 역사적 평가 작업을 가로막고 있다. 100년도 더 된 역사가 되어버린 3·1만세운동의 상징적인 인물이 누구냐 물으면 대부분 유관순 열사 또는 누나라고 대답한다. 일제에 대한 대한민국

독립운동 하면 떠오르는 인물을 물어도 대부분 유관순 열사를 꼽는다.

현재까지 밝혀진 유관순에 관련된 자료는 서대문(경성)감옥 수형자카드와 1심 공주지방법원과 2심의 경성복심법원의 판결문 등 세 개뿐이다.

유관순이 실제로 독립운동을 한 활동과 업적보다 지나치게 높은 평가를 받은 인물이라는 주장이 있다. 학계에서도 이를 인정하는 의견과 부정하는 의견이 맞서고 있다. 유관순이 훌륭하게 3·1만세운동 활동에 참여하고 특히 목숨을 걸고 옥중 투쟁을 벌인 것은 분명하지만 3·1혁명 당시에도, 그 이후로도 수십 년간 무명의 참가자였다. 1945년까지 발행된 신문 기사에서 유관순의 이름은 한 번도 등장한 적이 없다. 오히려 여성 독립운동가 중 1920-30년대 근우회나 여성동우회 등 활발한 활동을 벌이며 당대 이름이 알려졌던 신여성 엘리트들이 많다.

유관순은 1947년부터 갑자기 국내 신문에 자주 등장하며 영웅으로 추대된다. 유관순은 해방 이후 누군가의 '적극적인 발굴'에 의해 '순국의 아이콘'이 된 것이다. 1946년, 이화학당 출신의 박인덕과 이화여자중·고등학교 교장 신봉조는 이화학당을 알릴 인물을 찾는다. 신봉조가 박인덕에게 "이화학당 출신 중에 국가와 민족에 공헌한 사람이 있으면 소개해 달라."고 요청한다. 이에 박인덕이 3·1혁명 때 순국한 유관순을 제안하면

유관순 일제감시대상인물카드 (출처:위키피디아)

유관순 추모각 (출처:위키피디아)

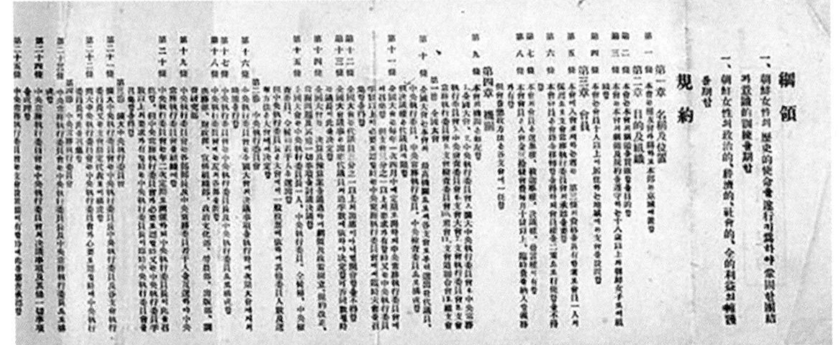

1927년에 조직되었던 독립운동 및 여성운동 단체인 근우회 행동 강령. 1919년 3·1운동 직후에 조직되어 활약한 대부분의 항일여성단체들이 일제의 탄압으로 해체된 뒤 여성운동은 교육운동, 민족경제진흥운동, 종교단체를 통한 계몽운동으로 전개되었다. 이후 분열된 국내외의 항일민족운동을 통합해 보다 강력한 민족운동으로 추진하기 위해 1927년 2월 신간회(新幹會)가 조직되었고, 여성계에서는 여성운동의 통합론이 일어난 끝에 그해 5월에 근우회가 조직되었다. (출처:한국민족문화대백과사전)

서 비로소 유관순이 수면 위로 떠올랐다. 두 사람은 유관순을 널리 알리기로 하고, 1947년 '유관순기념사업회'를 구성하기에 이른다.

그런데 많은 항일 학생 운동가 중에서 유독 유관순을 선택한 배경에는 이들이 자신의 반민족적인 친일 행위를 덮으려는 목적이었다는 의혹이 있다. 신봉조는 일제 말기에 전형적인 친일파 노릇을 했다. 국민정신총동원조선연맹, 조선임전보국단 등에 간부로 참여하여 한국인을 일제가 벌이는 전쟁터에 내보내는 데 앞장섰다. 유관순을 가르친 박인덕도 대표적인 신여성이자 엘리트였지만 마찬가지로 친일행위를 한 자였다.

해방된 뒤 그들은 자신들의 치욕스러운 친일 경력을 가릴 방

패막이가 필요하였다. 특히 이화학당에서 전설적인 인물로 알려진 김활란 박사의 대표적인 친일 행위 때문에 학교가 곤경에 처했다. 이들은 이화학당 출신의 애국자를 발굴해 크게 부각하여 자신들의 죄과를 덮으려 했고, 그에 딱 알맞은 인물로 유관순을 선택했다는 것이다. 그들은 자연스럽게 유관순을 실제 이상의 영웅으로 신화화하는 데 몰두했다. 인덕학원 설립자인 박인덕도, 최초로 유관순의 전기를 쓴 소설가 전영택도 유관순을 조선을 구한 잔 다르크로 표현하면서 유관순을 신통한 능력을 지닌 신화적인 인물로 승격했다.

아동문학가 강소천은 6·25한국전쟁 흥남철수 때 피난을 내려왔다가 부산 영도다리 근처에서 우연히 박창해를 만났다. 강소천은 박창해를 곧바로 국정교과서를 만드는 문교부 편수국에 취직시켰는데, 당시 강소천은 영생고보 동창으로 문교부장관 비서였다. 박창해는 1945년 광복 직후부터 3년 동안 미군정청 문교부 편수사로 근무하며 한국 최초 국민학교 국어교과서를 제작했다.

전시 국어 교재를 편찬한 강소천 작시의 동요 '어린이 노래, 금강산, 스승의 은혜, 유관순 노래, 눈사람, 산토끼야, 태극기, 코끼리 아저씨' 등 많은 노래가 교과서에 게재된 것이 납득이 가는 이유였다. 강소천 작시에 나운영 작곡인 '유관순 노래'는 1952년 청소년의 애국심과 국가관을 고취하기 위한 문교부 편수국의 의뢰로 만들어졌다.

또한 '철수와 영희, 바둑이'가 등장하는 대한민국 최초의 국어교과서가 박창해의 손에서 나왔다. 중년 이상의 세대에게 낯익은 '철수'와 '영희' 캐릭터의 산파역이었다. 그는 2010년 타계했지만 2006년 한 학술잡지에 '나의 국어 편수사 시절'이라는 회고의 글을 남겼다. 그는 이 글에서 유관순이 널리 알려지게 된 과정을 전하고 있다.

어느 날 교과서에 들어갈 내용을 논의하다가 3·1만세운동 때 우리 여성 가운데 프랑스의 잔 다르크처럼 활동한 사람을 찾아내기로 했다. 그와 함께 교과서를 만들던 사람은 소설가 전영택이었다. 박창해는 이화학당의 여학생들이 3·1만세운동 때 맹활약했다는 사실을 알고 있는 터라 이화여고를 찾아갔다. 그는 신봉조 이화여고 교장을 만났고, 신 교장은 "당시 태극기와 독립선언서를 준비했던 사람이 서명학 교감이니 그분에게 물어보라"고 알려줬다.

하지만 3·1만세운동 전날 밤 유관순과 6인 결사대를 함께한 서명학 교감은 "이화학당 학생 이백여 명이 3·1혁명에 참여했으므로 누굴 내세워야 할지 모르겠다"는 반응을 보였다.

박창해가 이 사실을 교과서 제작진에 알린 며칠 뒤 같은 사무실에서 근무하는 유제한이 찾아왔다. 그는 유관순 집안의 먼 조카뻘이었다. 유제한은 "집안에 3·1혁명으로 옥살이한 이화학당 학생이 있다"고 전했다. 전영택은 이후 유관순 이야기를 교재로 만들어 배포했다는 것이다.

이 증언에 따르면 유관순을 널리 알린 주인공은 전영택, 박창해와 유관순의 조카 유제한이다. 이 시기는 광복 이듬해인 1946년으로 추정된다. 최초의 유관순 전기인『순국처녀 유관순전』을 전영택이 1948년 펴낸 것을 보아도 이 회고는 꽤 신빙성이 있다.

박인덕과 신봉조가 1978년 '보이스 오브 아메리카' 방송에서 대담을 진행하면서 박인덕이 "우리나라가 해방되면 한국 여성의 애국자로서 유관순을 알려야겠다고 생각했다"고 말한 것과 신봉조가 "박인덕 선생이 유관순에 대해 열렬하게 하던 그 말씀이 한국 민족에게 알려진 거죠"라고 밝혔다.

이들이 유관순의 존재를 외부에 전하는 역할은 할 수 있었겠지만, 유관순이 영웅으로 떠오르기까지는 훨씬 복잡한 과정을 거쳤을 것이다. '유관순기념사업회'에 참여한 김구와 이시영 등 독립운동가들도 그 역할을 맡았다. 기독교의 역할도 무시할 수 없다. 이러한 상황으로 인해 과대포장이라는 주장이 제기되기도 한다.

박은식의『독립운동지혈사』에 따르면 3·1운동 당시 목숨을 잃은 사람은 대략 칠천오백 명이다. 유관순 열사도 역시 만세운동을 이끌다가 옥사한 것은 틀림없는 사실이나, 유관순 열사

第一編

第一章　地理之大綱

韓國在亞細亞東南之突出半島國也其境界東濱滄海隔日本海西臨黃海對中國之山東江蘇二省北鴨綠豆滿

江一帶接滿州三省及俄領海參威西伯利亞南朝鮮海峽對日本之九州東南對對馬島水道僅百餘里天晴日朗

抬眼相望其位置自東經百二十五度五十分起至百三十度五十分起北緯三十三度四十六分盡四十三度二分面積

約八萬方哩人口約二千萬

白頭山（山海經曰不咸山唐書曰太白山）在國北境高一萬尺上有天池周八十里其流分三條爲黑龍豆滿鴨

綠三江山爲全國諸山之祖東沿滄海蜿蜒亘向南走至咸鏡江原二道之地爲金剛山爲大關嶺至慶尚

道太白山嶺春分兩支左支向東走入海右支爲小白山爲鳥嶺俗稱德裕諸山至智異山（一名頭流山）而盡是

爲最長之脈德裕一支東南走至海南縣渡海爲濟州漢拿山世所稱三神山者即金剛智異漢拿也平安黃海京畿

忠清諸道之山亦皆白頭支脈之殤出者其狀恰如伊太利亞半島布之限大陸亞倍那之縱貫中央故論地勢者稱爲

東亞之伊太利以列國勢力衝突嘗言之酷似歐洲之巴爾幹故關於政治稱爲亞洲之巴爾幹

海岸東西隨地形而高下羞甚東海岸多層巖斷崖出入少屆曲海灣無良港島嶼甚少而潮汐漲縮之羞亦少纔有

第一章　民族之略歷

我大韓。亞洲東部之舊國。粵自神人降于太白。建邦啟土。遂奠大東。子孫蕃衍。本支繁衍。為朝鮮。為扶餘。為濊。為辰國。為辰韓馬韓弁韓沃沮。為高句麗百濟新羅高麗渤海諸族。統緒綿遠。聲索益潤。有四千三餘年之歷史案。間以外族之侵入言之。漢人置四郡於北韓。而旋為高句麗所逐。唐人乘我內訌。得滅百濟高句麗。而百濟則為新羅所併。高句麗則為渤海所復。蒙古以征服亞歐之威。與高麗交戰數十年。卒不能取我國土。而相與婚媾而修好。彼三島殊種。亦嘗屢竊寇鈔。而未有不覆敗而歸者。至若乙支文德以數千精騎。覆隋兵百萬於薩水。楊萬春以安市一域。却唐師十萬。姜邯贊以卒一萬。破遼兵十萬。完顏太祖以二千五百。摧遼七十萬眾。李朝之末。李舜臣以龜船。破倭艦數百。此其強武之屬。謂東方之雅典。亦可也。豈可以右文好禮之國。為吾族之羞恥哉。然近世。浸入虜騎。猝逢寇寇。遂隳於亡國劣種之階級。此為吾族有史以來。未有之奇恥大辱。尚可忍言哉。然而我獨立之精神。未嘗因是而殄壞。彼之壓力。適以激成我反動。固結於腦髓。則豈其無大爆發大活動之一日乎。且吾族之獨立運動。在最近三十年間。未嘗間斷。亦我歷史上精神之動力也。故余之述是編也。以甲申獨立黨之運動。為其起點哉。

第二章　甲申獨立黨之革命失敗

先是我韓。在鎖國時代。修文偃武。閉關自守。民至老死。不見外事。紀元四千一百九十九年丙寅（一八六六）。俄羅來元山。要通商。而我期拒之。是年十月。佛艦陷江華。我軍擊却之。四二〇五年辛未。米艦來江華。迨在修約通

韓國獨立運動史序

巴枯寧曰自由代價惟淚與血觀于三韓之近事也信然前年夏居申遇白巖先生貽我以韓國
痛史讀一過曰此淚也佗日將化爲血今年先生聞予夜來申枉訪以筆語曰予自西伯利亞奔走
歸來不辭以老病之軀修成韓國獨立運動史已脫稿較痛史爲長子盡予序之予觀史名卽覺
二年以來三韓舉國之男女老幼爲故國謀獨立爲同胞爭自由徒手革命視死如歸前僵後起始
終不懈之奮鬪之犧牲之壯烈之悲慘種種狀況如懸目睫焉因慨然曰痛史淚也獨立運動史血
也前日之淚已化爲兩年來革命之血而此日之血又博得滿世界同情之淚試觀近日各國之抱
人道主義者對于韓國獨立之壯舉言論上事實上皆予相當之扶助則轉瞬間獨立戰史又將已
鐵血鑄成矣直至完全獨立之日三韓之人痛定思痛必共傾滿腔熱淚一洗痛史運動史模糊之
血痕斯時也得以極端之自由爲安全之自治東亞問題立爲解決世界和平指顧可待則韓人將

一

박은식의 『독립운동지혈사』

의 상징성을 강조하느라 다른 열사들은 조명을 받지 못했다는 것, 나머지 칠천오백여 명의 열사들이 희생당했다는 것도 기억해야 한다.

박은식의 주장 외에 일본 측의 기록을 보아도 삼 개월간의 진압과정에서 사망자 7,509명, 부상자 15,961명, 구금자 46,948명으로 나온다. 유관순은 그중에 사망자 혹은 부상자가 아닌 구금자 46,948명 중의 한 명인 것이다. 유관순이 사망한 것은 일제의 3·1만세운동 진압과정이 아니라, 감옥에 수감된 지 1년 6개월 후인 1920년 9월 28일이었다. 2019년 유관순이 훈장을 받는다면 그에 앞서 3·1운동 중 사망한 7,509명에게도 동급 혹은 그 이상의 훈장을 수여해야 한다고 주장한 사람도 있었다.

7,509명의 사망자 안에는 유관순의 부모님도 모두 포함되어 있다. 아버지 유중권, 어머니 이소제 두 사람은 건국훈장 애국장 (4급)을 추서하였다. 죽은 부모님은 4등급 훈장, 살아남은 딸은 대한민국장 1등급 훈장이다. 독립운동 과정 중에 목숨을 잃은 사람보다 왜경에게 잡혀 옥사한 사람에게 더 높은 훈장이 수여된 것이다.

유관순이 1심에서 받은 형량은 3년으로, 민족대표 33인이 받았던 형량과 동일하다는 점도 지적되나, 3·1만세운동은 오히려 민족대표 33인보다 당시 현장에서 저항했던 사람들이 훨씬 높은 형량을 받았다.

실제 4·1아우내만세운동을 주도했던 김구응 선생은 아무도 기억하지 못하는 데 반해, 유독 유관순만 3·1만세운동의 상징처럼 굳어진 것은 과한 처사다.

한국영화 개척자로서 친구 나운규와 함북 회령에서 1919년 4월 만세운동을 주도한 독립운동가 영화감독 윤봉춘은 1948, 1959, 1966년 총 3차례에 걸쳐 〈유관순〉이란 제목으로 영화를 만들었는데, 이로써 윤 감독은 생전에 '유관순 전문 감독'으로 불렸다.

서대문형무소 측이 시신을 반환하기 이전에 '일곱 토막'을 냈다는 말도 인터넷, 위인전 등지에서 거의 전설로 받아들여지는데 사실인지 아닌지조차 제대로 밝혀지지 않았다. 이 이야기는 당대 수기에는 전혀 나오지 않고 윤봉춘이 1949년에 만든 영화 〈유관순〉에서 처음 나온 말이다.

소설가 조흔파도 「왜경고문비화」에서 '시신 훼손설'을 주장했으며 김삼웅 독립기념관장도 2006년 서대문형무소 역사관 8주년 심포지엄에서 유관순 시신 훼손설을 언급했다. 유관순이 생전에 다녔던 매봉교회 지하전시실에서는 석유 상자 사진을 근거로 상자에 유관순 시신을 담았다는 설명을 내놓았다. 이에 언론인 정운현은 저서 등을 인용해 '시신 훼손설'을 반박했고 오늘날과 같이 시신을 냉동했다가 넘겨주거나 방부 처리를 하는 시대가 아니라서 일시 가매장 후 넘겼을 것이라고 주장했다.

결국, 1920년 10월 12일 시신을 반환받아 10월 14일 장례를 치르게 되는데 유해는 이태원동 공동묘지에 묻혔다. 그러나 일본이 이후 이태원동 공동묘지를 군용 기지로 사용하면서 미아리 공동묘지로 이장하게 되었다. 그런데 이장하기 전에 아무 통보도 없이 무덤을 마구잡이로 파헤치는 바람에 유골이 분실되는 사태가 발생했다. 유관순의 유해를 받들어 조선 독립운동의 구심점이 될 가능성이 있어 일본이 고의적으로 무덤을 훼손하고 유골을 파괴했다는 설이 나돌았다.

이태원 공동묘지 유연고 4,800기는 미아리 공동묘지로, 무연고 28,000여 기는 일제가 건원릉의 조선 왕조를 훼손하기 위해 1933년에 지정한 망우리 공동묘지로 1935년부터 이장을 추진하여 1936년 4월 마무리했다. 1936년 12월, 이태원무연분묘이장합장묘비가 세워졌다. 망우리공동묘지 관리사무실에서 명절에 제사를 지냈다. ''유관순 열사기념사업회'에서 1989년 10월에 병천 아우내 매봉산 기슭에 초혼묘를 만들었다.

2015년 9월 용산구에서 이태원공동묘지 터를 바라보는 유관순길 '이태원부군당'에 '유관순 열사추모비'를 세우고 추모식을 치렀다. 2018년 10월 망우리공원 이태원무연분묘합장묘 옆에 유관순 관련 단체에서 '유관순 열사 분묘 합장 표지비'를 세웠다. 2019년 2월 26일, 국무회의에서 유관순 열사에게 건국훈장 대한민국장을 추가로 추서할 것을 의결하여 서훈했다. 2020년 9월 28일 유관순 열사 순국 100주년에 맞춰 중랑구청에서 무연분묘를 정비하고 추모식을 치러 오늘에 이르렀다.

유관순이 아우내 현 충청남도 천안시 동남구 병천면의 천안 아우내만세운동을 계획하고 지휘하기는 했지만, 현재의 유명세는 후세 사람들이 3·1만세운동의 상징적인 존재로 유관순을 지목해 그 가치를 끌어올린 덕분이라고 보는 편이 타당하다.

당대의 공판 기록을 보면 다른 사람이 실질적인 주동자로 나오는데 그 사람이 훗날 미군정청 경무부장, 민주당 당수 등을 지낸 유석 조병옥의 부친 조인원이다.

조인원은 1991년 애족장을 추서받았다. 1962년 독립운동에 기여한 공으로 유석 조병옥 박사는 대한민국 정부로부터 건국공로훈장 단장(현재의 건국훈장 독립장, 3등급)을 받았다. 1972년 충청남도 천안시 동남구 병천면 용두리와 탑원리에 있던 유관순 열사의 생가터가 사적 제230호로 지정되었다. 생가 옆에 매봉교회를 만들고 유관순의 유지를 받들어 기념하고 있으며, 매년 2월 28일에 3·1절 경축 전야제를 개최한다. 1974년 유관순의 모교인 이화여자고등학교에는 그녀의 이름을 딴 '유관순 기념관'이라는 강당이 지어졌으며 1985년 유관순 열사기념사업회가 설립되고, 1996년 이화여자고등학교는 유관순 열사에게 명예 졸업장을 주었다.

4·1아우내만세운동에서 활약한 유관순 열사에 대한 평가는 상당 부분 과장되어 있다. 이는 해방 후 민족정신의 구심점을 찾기 위한 정치적 모색의 결과이다. 사진은 위로부터 현재 병천에 있는 유관순 열사 기념 동상, 그의 충혼을 모신 사당, 그리고 기념관이다.

병천 주민들이 들려주는 이야기

병천 주민들이 말하는 '유관순 영웅 만들기' 이야기는 현장에서 그들이 직접 보고 체험한 것이기에 더욱 공감이 간다. 요약하면 다음과 같다.

4·1아우내만세운동, 나아가 당시 전국적으로 퍼져나갔던 기미년 3·1만세운동은 결과적으로 실패한 혁명이었다. 물론 독립정신을 고취하고 민족혼의 저력을 발휘하는 등 헌법 전문에 명시될 정도로 역사적 의의가 있고 이후 독립운동의 발판을 마련한 계기를 제공했지만, 당시 만세운동으로만 놓고 보자면 일본군에 진압되어 끝나버린 실패한 혁명이었다.

왜경에 의해 만세운동이 완전히 진압되고 겉으로는 평온을 찾은 것 같았지만 주민들의 마음은 침울했으며 더욱 몸을 사리게 되었다고 한다. 많은 사상자가 발생했고 더 많은 사람이 왜경에 끌려가 고초를 겪기도 했으며 일부는 수감되어 재판을 받고 형을 살기도 하였다. 가까운 이웃으로서 서로 위로하고 도움을 주는 것이 아니라 서로 봐도 못 본 척, 들어도 못 들은 척 하며 지냈다는 것이다.

심지어는 주모자들과 만세운동에 적극적으로 가담한 자들의 가족을 피하고 멀리했으며, 심지어는 그들 때문에 왜경의 감시가 심해졌다고 불평하는 사람들도 있었다고 한다. 만세운동 현장에서 희생당했거나 왜경에 끌려간 가족들은 왜경의 감시 대

상자가 되고, 주민들의 눈치까지 살피느라 살기가 힘들었다고
말한다.

그러다 보니 자연히 주민들과도 거리감을 두게 되었고 하나
둘 서둘러 정든 고향을 등지게 되었다. 대표적인 예로 김구응
선생의 살아남은 가족인 그의 아내는 어린 세 아이를 데리고
친척이 있는 안성으로 야반도주하듯 떠나야만 했다. 종친을 이
루어 살던 유관순의 가족 대부분도 고향인 용두리를 떠나 흩어
져 살다가 해방 후 일부만 돌아왔다고 한다.

이렇듯 주민들은 만세운동에 대하여 서로 이야기하기를 꺼
렸으며, 특히 주동자나 적극적으로 가담했던 자에 대해서는 더
욱이 말을 아꼈다. 아우내(병천) 주민들은 실패한 거사를 특별
히 기념하거나 만세운동의 주역들을 기억할 이유가 없었다. 지
치고 팍팍한 삶을 영위하기에도 힘들었을 것이다.

이렇게 큰 고통과 상처를 가슴에 안은 채 26년을 더 버티며
투쟁하다 1945년 8월 15일에 드디어 우리는 해방을 쟁취하게
되었다. 우리가 일제의 압제에서 벗어나 광복을 맞을지 미리
알았더라면 서로 모른 체하며 살지는 않았을 것이다. 모두가
광복을 염원하는 마음을 갖고는 있었지만 일제의 압제하에서
의 팍팍한 삶은 그렇지 않았다고 유정석(유관순의 사촌동생)옹
은 말한다.

해방에서 비롯한 기쁨은 찰나에 불과했고 우리나라는 미국,

러시아라는 열강들의 힘겨루기 각축장이 되었으며, 사회적으로 좌우가 나뉘어 몹시 혼란한 시기를 겪었다. 그 결과 우리의 의지와는 관계없이 나라가 남북으로 갈라지고, 그중 한쪽인 대한민국 정부가 3년 후인 1948년에 어렵게 수립되었다.

이렇게 새로 수립된 남한 정부는 어떻게든 해방 후의 어지럽고 혼란스러운 사회적 분위기를 안정시킬 만한 구심점을 만들어야만 했다. 또 일제로부터 나라를 되찾아 세운 이 정부의 정통성을 세워야만 했다. 조금 더 정확히 말하자면, 만들어야만 했다.

그러던 중 정부의 요직에 조병옥(趙炳玉, 1894-1960) 박사가 등용된다. 그는 대한민국 정부 수립 전 1948년까지 미군정 치하에서 경무부장을 지냈던 인물이다. 그 어지럽고 혼란스러운 시기에 치안을 담당했던 지금의 경찰청장을 맡은 셈이니, 그의 힘이 얼마나 막강했을지 충분히 짐작된다. 또 그는 정부 수립 후에 유엔 한국 대표를 지냈다. 지금의 외무부장관이었다. 2년 후인 1950년에는 내무부장관에 올랐다. 조병옥 박사는 짧은 시기에 정부의 주요 요직을 두루 거친 실세 중의 실세였던 셈이다. 나중에는 민주당 대통령 후보까지 이르게 된 당시 최고의 권력 실세였다.

그런 그에게 최대과제는 해방 후 혼란한 사회를 안정시키고 새로 수립된 대한민국의 정통성을 찾는 것이었다. 이를 위한 해결책으로 그는 우리 민족의 구심점을 찾았고, 급기야 아우내의 유관순을 생각해냈으며 그녀를 한국 독립의 잔다르크, 해방의 여전사로 만들 생각을 한 것이다.

그러면 왜 하필 아우내고, 왜 유관순이냐고 반문할 수 있을 것이다. 3·1운동은 전국적으로 일어난 만세운동이고, 또 아우내(병천)가 아니라 서울 파고다공원에서 시작되었다. 그리고 독립투사들은 일제강점기 전반에 걸쳐 전국 각지에 들풀처럼 퍼져 있었다. 우리가 전국 어느 마을을 가든 독립투사 한두 명쯤 찾을 수 있을 정도였다. 그런데 왜 하필 아우내이며 유관순일까, 의구심이 든다.

아우내는 조병옥 박사 자신의 고향이다. 조인원(趙仁元) 선생은 4·1아우내만세운동을 주도한 독립투사 중 한 분으로 그 역시 만세운동 현장에서 순직한 것으로 알려져 있다. 그리고 고향인 아우내(병천면) 용두리는 아주 조그만 시골 동네다. 그리고 조 박사 집에서 길 건너 지척에 유관순 열사의 집이 있다. 서로 너무 잘 아는 사이로 한 동네에 살았던 것이다.

그리고 그녀는 당시 어린 여학생이었다. 그것도 최고 명문인 이화여고 학생이었다. 그 옛날에 그 시골에서 이화여고를 다녔다는 것만으로도 관심의 대상이었다. 또 그녀는 4·1아우내만세운동에 앞장섰으며 현장에서 잡혀 투옥되고 왜경들의 살벌한 감시와 취조 속에서도 만세를 부르기도 했다. 또한 재판정에서 일제 판사들에게 재판을 거부하며 "내 나라의 독립을 위해 만세를 부른 것이 왜 죄가 되냐"고 호통까지 쳤다. 그래서 결국 일본인들에게 잔인하게 처형당했으며 그의 시신은 일경에 의해 훼손되어 어디에 묻혔는지조차 알 길이 없다. 이것만으로도 그녀는 3·1만세운동의 영웅으로 추앙받기에 충분하다고 조병옥 박사는 생각했다.

조 박사는 자신이 독립투사의 가족이라는 것도 자연스럽게 알리고, 고향을 독립운동의 성지로 만들며 유관순 열사를 3·1운동에서 더 나아가 독립투사의 아이콘으로 부각하는 데 전혀 부족함이 없었다. 그래서 그는 유관순 영웅화 작업에 정성을 다했던 것이다. 이에 대한 병천 주민들의 회고는 전술한 내용과 상당 부분 겹치기에 생략한다. 다만 몇 가지 이야기를 추가하자면 다음과 같다.

먼저 〈유관순〉 영화 촬영 이야기다. 이 영화는 이구영이 시나리오를 작성하고 유봉춘의 감독하에 만들어졌다. 1948년에 병천과 아우내장터에서 촬영을 했는데, 나이 든 병천 주민들 대부분은 당시 상황을 기억하고 있었다. 병천 주민들은 유관순으로 분한 도금봉이라는 당대 최고 여배우가 한동안 병천에 머물며 촬영하는 내내 그녀를 보기 위해 장사진을 이루었다. 만세운동 현장을 촬영하기 위해 엑스트라를 동원할 때도 아무 문제가 없었다고 한다. 그 영화는 볼거리가 없던 시절에 전 국민이 몇 차례씩 볼 정도로 공전의 인기를 끈 영화이기도 했지만, 병천 주민들은 그 현장을 쫓아다니면서 그 영화가 어디서 어떻게 촬영되었는지 직접 눈으로 봤기 때문에 더욱 그러했다. 이와 더불어 〈유관순〉 영화를 촬영한 장소로서의 자랑과 유관순이라는 열사의 고장이라는 자부심을 얻게 되었다.

그러니 4·1아우내만세운동을 계획하고 준비하고 앞장서다 현장에서 목숨을 잃은 김구응 선생이나 희생자들에 대해 무심했던 것이 사실이다. 병천면 가전리에 십여 년간(1998년-2010년) 거주하며 말년을 보냈던 박창해 교수[1]는 이런 분위기를 잘 대변해주는 말을 전했다.

"내가 말년에 병천에 터를 잡고 살게 된 것은 정말 운명 같습니다. 와서 보니 완전히 유관순의 동네가 되었네요. 내가 광복 후에 미군정 시절 문교부에서 초등학교 국어 교과서를 편수했는데 그때 아무도 모르던 이화학당의 유관순을 발굴하여 한국의 잔다르크로 만드는 작업을 했지요. 무슨 작전 같았습니다. 이렇게 될 줄도 몰랐고, 또 내가 이 동네에 살게 될 줄은 더더욱

---

[1] 박창해(朴昌海, 1916-2010) 연세대학교 국어국문학과 교수, 연세대학교 한국어학당 원장, 미국 화와이대학교 교수 등 역임, 1952년 미군정청 문교부 편수사로 재직 시 최초의 현대화된 국어교과서를 편수하였다. 말년에 병천면 가전리 한국기술교육대학교 뒤편에 목재주택을 짓고 지냈다.

몰랐고요. 마치 무슨 운명 같습니다."[I]

　박창해 교수의 이와 같은 말은 유관순 영웅화 만들기 작업을 단적으로 잘 표현해준다고 생각한다. 유관순 열사는 1962년 대한민국 건국공로훈장 단장이 추서되었고[II] 그 후로도 계속해서 병천에서는 그녀를 기념하기 위한 각종 사업이 줄을 이었다. 그 결과 '유관순 기념교회' 건립(1967년) '유관순 생가' 복원(1991년) '추모각과 봉화탑' 건립(1972년) '유관순 열사의 동상' 건립(1983년) '유관순기념관' 건립(2003년) 등이 순차적으로 진행되었다.

　바로 여기에다 약간의 상업적 요소, 즉 다시 말해서 사업을 관광상품으로 개발하려는 지역사회의 의도와 맞물리면서 현재에 이르게 되었다고 보아도 사실에서 크게 벗어나지 않는다.

　이 글에서 유관순 열사가 만세운동에 기여한 업적을 폄훼하거나 민족의 영웅으로 만든 작업 자체를 비판하려는 의도는 조금도 없다. 독립에 대한 유관순 열사의 열정과 헌신은 아우내 만세운동에 큰 역할을 하였음은 의심의 여지가 없다.

I　필자는 박창해 교수로부터 1999년부터 2007년까지 가전리의 그의 자택에서 성경공부를 함께 하며 많은 대화를 가졌다.

II　아우내만세운동의 실질적 주동자인 김구응 선생이 1977년도가 되어서야 겨우 대통령 표창에 그친 것과는 큰 대조를 이룬다.

더군다나 열사는 일본 헌병에 의해 체포되어 그다음 해에 감옥에서 순국할 때까지 형무소 내에서 만세운동을 주도하다가 독방에 갇히기도 했으며 끝까지 우리나라 독립의 정당성과 일본의 부당한 강점에 항의했다는 것은 널리 알려진 바이며, 우리에게 민족의 큰 별로서 귀감이 되고도 남는다.

유관순 열사가 끼친 영향을 차치하더라도 글에서 보이는 다소 부정적인 시각은 열사 그 자체에서 문제점을 찾으려는 것이 아니다. 그 후로 유관순 열사를 상품화하고, 이로 인해 묻혀버린 김구응 선생을 비롯하여 4·1아우내만세운동의 다른 많은 주역을 발굴해보려는 시도일 뿐이다.

기록이 없으면 역사도 없다

4·1아우내만세운동에서 가장 주도적인 역할을 했던 김구응 선생은 현장에서 바로 사살되었기 때문에 재판 등 그에 대한 기록이 전무하다. 심지어는 그의 가족들마저도 일본의 후환이 두려워 쉬쉬하며 그 고장을 떠나 흩어져 살아온 까닭에 제대로 된 기록이 하나도 남아 있지 않다. 그의 사진 한 장 없다는 것이 못내 아쉽다. 성공하지 못한 거사는 결국 묻히기 마련이고 기록이 없으면 역사는 없는 것이다.

반면 만세운동에 참여했다가 왜경에 잡혀 조사만 받고 나오더라도 그 기록이 있으면 애국지사라는 칭호를 받고 유공자가 되는 것이 현실이다. 우리가 알고 있는 애국지사는 결국 검거 기록이든, 재판 기록이든 이름이 적혀 있기만 하면 저절로 증명되는 것이다. 하지만 큰 만세운동을 목숨 걸고 준비하고 앞장서다 결국 왜경의 총탄에 쓰러진 사람들은 기록을 남길 필요도 없고 가족들도 소거되었으니 당연히 잊히기 마련이다.

4·1아우내만세운동처럼 대규모 만세운동이 아주 쉽게 수습되었다는 것도 사람들의 기억에서 잊힌 원인이다. 아우내만세운동은 다른 지역에서 그저 몇백 명이 모여 만세를 불렀던 데 비하면 수십 배나 규모가 컸는데도 빨리 수습되고 일상으로 돌아간 이유는 바로 지역의 유지들과 성공회 영국 사제들 때문이었다.

이곳 지역 유지들은 다른 지역의 유지들처럼 사랑방에 앉아 호통이나 치는 유형이라기보다는 장바닥을 휘젓고 다니는 호기스러운 유형이었다. 아우내장터라는 큰 장이 서는 곳에서 유지 노릇을 하려면 갖춰야 하는 성품이었을 것이다. 특히 성공회 교회의 회장이었던 강대형(아브라함), 정관서(요셉), 그리고 송인섭은 모두 장터에 접해 큰 집을 짓고 살았으며 씀씀이도 크고 베풀기도 잘하여 모든 장터 사람들이 어른으로 모셨다고 한다.

이들은 장터의 거부들답게 누구와도 가깝게 지냈는데, 그곳에 상주하는 일본인들도 예외로 두지 않았다. 만세운동이 일어나기 전에는 병천에 거주하는 일본 사람들도 이들 지역 유지들과 좋은 친분을 맺어오던 차였다. 그래서 일본 경찰도 그들에 대해서는 눈치를 보지 않을 수 없는 입장이었다. 비근한 예로 지역 유지들은 헌병에 쫓기거나 잡혀간 많은 교인과 지역민을 숨겨주고 빼주었으며 상처를 입은 사람들을 치료해주기도 하였다. 물론 이런 사실을 일본 경찰도 알고 있었으나 크게 문제삼지 않았다고 한다.

그러니 결국 입으로 전해지는 미담만 남아 있을 뿐, 재판 등 문서 기록이 없는 까닭이 지역 유지와 일본 사람들 간에 얽힌 복잡한 관계 때문이다. 이 밖에도 일본은 영국과의 친밀했던 밀월 분위기로 인한 정치적 이유로 영국인 구세실 신부가 사제와 교장으로 있던 병천 성공회와 진명학교에 대해 아무래도 호의적인 입장을 취했으리라고 추측할 수 있다. 한마디로 그냥 눈을 감아주었던 것이다.

성공회의 3·1운동에 대한 입장과 분위기

민족운동인 3·1운동에 대해서 성공회의 공식 입장과 외국인 선교사들의 입장을 살펴보면서 이에 비추어 병천 성공회의 입장과 비교해보겠다. 이것을 살펴보는 이유는 김구응 선생이 성공회에서 운영하는 진명학교의 교사였고 그의 상사인 교장이 영국인 사제였기 때문이다. 따라서 모체인 성공회의 분위기를 살펴보면 만세운동에서 순국한 그에 대한 자체적인 평가를 가늠해볼 수 있다.

당시 성공회의 공식적인 입장을 알기 위해 1919년부터 쓰인 『宗古聖敎會月報』(聖公會報)를 보면 이에 대한 기사나 글이 부재하다는 점으로 인해 성공회의 공식 입장을 알 수 없다고 추론할 수 있는 것이 아니다. 오히려 성공회는 3·1운동에 대해 냉담하거나 내지는 부정적 시각을 갖고 있었다고 말할 수 있다.

일본과 영국은 1902년 러시아의 남진 정책을 저지하기 위해 군사 의무를 수반하는 영일동맹(英日同盟)[1]을 체결한 각별한 사이였다. 이에 성공회는 철저하게 정교분리의 원칙을 내세워 애매한 입장을 표명해야 하는 어려운 상황을 애써 외면하고 싶어 했으리라는 것은 쉽게 추측할 수 있다. 이는 비단 성공회에만

---

[1]   1905년과 11년 2회에 걸쳐 개정되었다. 당시 극동에서 노골적인 침략행위를 취하고 있던 러시아를 견제하기 위해 영국과 일본이 1902년 1월 런던에서 1차로 동맹을 체결하였다. 그 골자는 영국의 중국에서, 일본의 조선·중국에서의 이익옹호, 한쪽이 제3국과 교전할 경우 다른 쪽의 엄정한 중립, 한쪽이 2개국 이상과 교전할 경우에는 다른 쪽의 참전의무 등을 약정하였다. 러일 전쟁 후인 1905년 8월 제2차 동맹에서 일본의 조선에 대한 지도 감독과 보호권의 확인, 적용 범위의 인도 이동(以東)지역으로의 확대, 방어 동맹의 성격에서 공수(攻守) 동맹으로의 전환 등이 약정되었다. 1911년 7월에 3차로 맺은 동맹은 독일의 위협에 대항하는 대독동맹(對獨同盟)과 같은 성격으로 되었다. 그러나 이때 명백해진 미국과 일본의 극동에서의 대립이 이 동맹의 유지를 어렵게 하여, 제1차 세계대전 후 1921년 12월 워싱턴 회의에서 미국의 압력으로 폐기되었다. (NAVER 백과사전)

국한되는 경우는 아니었다. 당시 모든 교파의 기독교와 선교사들이 3·1운동에 대해 취했던 입장과 일맥상통한다.

그러나 '지배세력에 대해 정치적 중립이라는 논리 자체가 실상은 반일(反日)의 강한 의지가 아닐 수 없다는 사실이다. 통치자에 대한 정치적 중립 선언은 일종의 저항 선언인 것이다. 여기서 우리는 선교사들의 정치적 중립 원칙이 논리적으로 친한반일(親韓反日)의 태도의 천명'[II]이란 사실을 목격할 수 있다.

이런 논리로 볼 때 당시의 우리 성공회 입장을 알 수 있는 『宗古聖敎會月報』(聖公會報)에 이에 대한 기사가 없었다는 것, 그리고 그 사태에 대하여 한국민에 대한을 책망하는 글이 없었다는 점을 미루어볼 때 철저하게 중립적인 태도를 취했다고 볼 수 있다. 이는 결국 일본에 대한 무언의 저항이요, 친한반일(親韓反日) 의지를 천명한 것이라고 볼 수 있다.

또한 선교사들의 중대한 관심사가 한국의 독립이나 또 반대로 일본의 제국주의 확장과 같은 정치적 문제가 아니라 하느님의 나라를 건설하는 것이었다. 하느님의 나라를 건설하는 임무는 따지고 보면 제국주의의 폭정이나 인권유린에 반대하는 것과 무관하지 않다. 선교사들, 혹은 성공회 자체에서 3·1운동에 직접적으로 참여하지는 않았으나 '운동이 태동할 때부터 국제

II   민경배, 『한국기독교회사』, 대한기독교출판사, 서울, 1990, 318.

정세를 알려주고 운동의 방법을 조언하고 회의 장소를 제공하는 등 간접적인 역할을 했으며 운동이 전개된 후에는 피해 상황과 한국민의 입장을 세계 여론에 호소'[1]하였다.

　물론 병천 성공회도 예외는 아니었다. 4·1아우내만세운동를 준비하기 위한 회의 장소로 진명학교를 이용하였고, 젊은 학생들과 또 병천 성공회의 조직이었던 기독청년회가 적극적으로 가담하였을 뿐만 아니라 학교 교사인 김구응 선생과 교회 전도사였던 박병무(어거스틴)가 참여했기 때문이다. 병천 성공회와 당시 교회 관할 사제였던 구세실 신부는 이 모든 사실을 충분히 알고 있었을 텐데도 저지하거나 만류하지 않고 묵인했다는 것은 결국 소극적인 도움을 주었다고 봐도 무방하다.

　또 진명학교의 선생과 젊은 학생들, 교인들이 대거 참여한 것은 지역적인 문제를 고려할 필요가 있다. 그러나 단지 참여에 그치지 않고 아니라 주도적인 역할을 했다는 것은 희생이라는 기독교 정신과 학교 교육을 통한 민족정신 함양이 영향을 끼쳤으리라는 것은 자명한 사실이다. 이를 우리는 『宗古聖教會月報』(聖公會報)를 통해 알 수 있는데, 3·1운동 이후 달라진 진명학교와 성공회의 분위기를 파악하게 해주는 다음과 같은 내용 덕분이다.

I　　이만열 외 7인, 『한국기독교와 민족운동』, 종로서적출판, 서울, 1992, 382.

"경성 각 학교에 정학됨을 인하야 기숙사 남학생들과 성모관 여학생들이 각기 본 집에 내려갔사오니 언제 다시 개학할는지 예정할 수 없으며 김마가라고 하는 학생은 금번 고등보통학교 시험에 입격되었사오니 조만간 상학하겠나이다……"(후략)[II]

(전략)"……그러하나 그런 중 섭섭한 바는 금번 소요로 인하여 (부활성제에) 참예치 아니한 교우가 불소하였사오니 천주께서 그들의 마음을 위로하사 안심케 하여 주시기를 기도하나이다 ……"(후략)[III]

(전략)"……오월 이십일 일에 금번에 각각 귀가하였던 남학생이 회환하여 유월 이일부터 등교하여 공부를 여전히 계속하오니 다행하옵나이다……"(후략)[IV]

"지난 오월 십오일부터 상업학교에 개학함으로 본 교회 내 기숙사생 십인 중 팔인은 임의 등교하였고 이인은 장차 등교하겠나이다……"(후략)[V]

II 『宗古聖公會月報』, 1919년 5월호 경성전도구 소식.

III 『宗古聖公會月報』, 1919년 6월호 수원전도구 소식.

IV 『宗古聖公會月報』, 1919년 7월호 경성전도구 소식.

V 『宗古聖公會月報』, 1919년 7월호 인천지부 소식.

이상에서 우리는 3·1운동으로 인하여 각 교회에서 운영하던 교육기관과 기숙사들이 문을 닫고 학생들을 귀가시켰으며 사태가 진정된 후에 다시 개교하고 개관하였음을 알 수 있다. 그러나 일련의 사태에 대한 상황이나 입장은 표명하지 않았기에 정확한 의견을 알아볼 길이 없다. 또 3·1운동에 적극적으로 가담하여 투옥되었다가 풀려난 학생에 대해서도 간략한 출감 소식만 다루고 있을 뿐이어서[I] 아쉬운 마음이 크다.

병천 성공회 내부의 분위기를 알 수 있는 기사도 있는데, 당시 상황이 조금 더 구체적으로 묘사되어 있다.

"구 바나바 신부는 부활첨례에 미사성제를 행하사 영성체자가 적지 아니하오나 오하려 금번 소요로 인하여 참예치 못한 이 많이 있나이다. 병천과 부대리교회에서 당 교사가 사직하였으므로 병천리 서당교사는 경성고등보통학교를 졸업한 임요섭 씨로 부대리 서당교사는 수원 진명학교에서 다년 교수하시던 조 디모데 씨로 명하였나이다."[II]

I   "금번 소요사건으로 인하여 금옥되었던 학생 홍요한 순복(淳福)은 보방출옥되어 진천 자기 집에 다녀왔사오며 지금 경성 기숙사에 유숙하며 학과를 복습하오니 감사하나이다." (『宗古聖公會月報』, 1919년 9월호 경성전도구 소식.

II   『宗古聖公會月報』, 1919년 7월호 천안 전도구 소식.

(전략)"……본 전도구 내 병천교회 학교에서 지난 시월 구일에 추계운동회를 열기 위하여 학부형 제씨가 운동회에 관한 비용과 시상물품을 사기 위하여 일금 육십 원 이상을 구취하였더니 마침내 소관 관리가 허가치 아니하므로 일반의 섭섭한 마음이 대단하나 어찌할 수 없나이다……"(후략)[III]

언급한 기사는 아우내만세운동 후 구 바나바 신부가 부활절 미사를 집전하기 위해 병천성공회에 왔다는 소식을 알리는 내용이다. 1919년 7월호에 실린 기사지만, 내용으로 미루어보아 4월 부활절 직후 쓰였다는 점을 알 수 있다. 부활절이라는 중요한 축일인데도 많은 신자가 불참했다는 것은 여러 가지 이유로 짐작할 수 있다. 첫째는, 아우내만세운동 이후 운동의 본거지였던 병천 성공회와 진명학교에 대한 감시와 통제가 심해졌으리라는 것이다.[IV] 두 번째로는 학교 교사인 김구응 선생이 일본 경찰의 총탄에 맞아 죽고, 많은 신자가 경찰서에 끌려갔다가 나오는 모습을 목격한 신자들이 본인은 물론 가족들이 교회에 나가지 못하도록 저지하기도 하였다.[V] 그 밖에도 큰 거사가

III 『宗古聖公會月報』, 1919년 12월호 천안 전도구 소식.

IV "병천교회 진명학교 운동장은 일본군의 훈련장이 되다시피 매일 병정들이 진을 쳤고 성당과 학교는 가끔 검색을 당하기도 하였다." (강준희(애단), 『내가 본 3 · 1운동』, 41.)

V "황상칠은 아들 필섭이를 데리고 교회에 곧잘 다니더니 교인들을 잡아가고 일본군이 박해하자 겁이 났는지 '안 되겠다. 성당에 다니다가 큰일 나겠다.' 하면서 배도했다." (강준희(애단),

실패한 이후에 당사자에게 스며든 좌절감과 상실감 등이 교회 출석률을 저조하게 만든 요인이었다고 할 수 있다.

또 위의 신문 기사에서 진명학교 교사였던 김구응 선생의 사망으로 공석이 된 교사 자리에 경성고등보통학교를 졸업한 임인재(요셉) 선생이 대신 오게 되었다는 것도 알 수 있다. 그 시기가 부활절 전후이니, 병천의 진명학교 분위기는 곧 제자리로 돌아갔을 것이다.

앞서 인용한 『宗古聖公會月報』의 1919년 12월호를 보면 병천 성공회에서는 가을 대운동회를 열어 침체한 분위기를 바꾸어보려 노력하였으나, 일본 경찰이 이를 허락할 리가 없었다. 우리는 애써 준비한 운동회가 수포로 돌아가자 교인들의 실망이 얼마나 대단했을지 짐작할 수 있다. 이런 사례로 미루어보아 아우내만세운동 이후 병천교회와 진명학교에 대한 감시와 통제가 얼마나 삼엄했는지 간접적으로 알 수 있는 좋은 예다.

하지만 이런 일본의 통제와 감시로 인한 교인 이탈 현상과 침체는 일시적인 현상에 불과했다. 병천교회와 진명학교는 곧 정상화되었으며 더욱 발전하고 성장하는 계기가 되었기 때문이다.

"임요셉 씨는 지난 사월부터 병천리 학교에서 시무할 새 저간

『내가 본 3·1운동』, 41.)

에 신병으로 월여를 신고하였으나 교무를 일층 힘써 지금은 생
도의 수효가 사십 명이요, 또한 해씨가 주일학교를 시작하였는
데 성적이 양호하옵나이다……"(후략)

김구응 선생의 후임으로 온 임인재(요셉) 선생의 열성적인
지도로 인하여 학생 수가 사십여 명으로 불어나고 교회의 주일
학교 학생 수도 늘어났다는 것을 알 수 있는 대목이다. 임인재
(요셉) 선생은 이후 『宗古聖公會月報』 1921년 2월호에 기고한
글을 통해서 여학생들을 교육할 필요성을 역설하고, 실천하기
위한 방안으로 여학생만을 위한 야학부를 신설했다는 소식을
전하기도 했다.[1]

3·1운동과 그 일련의 선상에서 일어났던 아우내만세운동에
대하여 성공회나 진명학교가 밝힌 공식적인 입장은 없다. 그
도 그럴 것이 애당초 준비 단계에부터 실행에 이르기까지 교회
가 조직적으로 개입하지 않았다는 것은 주지의 사실이다. 그러
나 그와는 별도로 진명학교는 아우내만세운동 이후 학생 수가
잠시 줄었다가 곧 회복하여 원래보다 많이 늘었을 뿐만 아니라

---

[1]　(전략)"……따라서 무엇보다도 제일 막개무량한 바는 우리 사회의 여자교육이 비열낙오에
처한지라. 그런즉 우리 사회의 운명을 증진하려면 여자교육이 일대 문제라고 부르짖지 않을 수
없도다. 고로 우리는 십일월 십구일에 병천성공회 내에 여자 야학부를 증설하게 되어 무엇무엇
가르쳐주게 되었습니다……"(후략) (『宗古聖公會月報』 1921년 2월호 아병천발전소감(我幷川發展
所感) 중에서 발췌)

지역사회를 이끌고 나가는 선도적인 역할을 맡게 되었으며 병천 성공회 역시 교인 수가 배가되어 재부흥하는 시기로 접어들었다.

이는 물론 3·1운동이 실패로 끝났지만 위기감을 느낀 일본이 무단정치에서 문화정치로 노선을 변경한 데서 원인을 찾을 수 있다. 또한, 전반적으로 기독교에 대한 새로운 인식이 퍼지면서 이 땅의 교회는 1907년대에 버금가는 급격한 발전을 이룩했으며 해외에 대한 선교를 강화하는 등 가파르게 성장하는 추세를 보인 분위기 탓도 있었다. 그러나 병천에서는 전반적인 분위기와는 별도로 성공회가 작은 지역사회에서 맡은 구심점 역할과 지역 여론 선도자로서 역할을 담당하게 되어 그 입지가 더욱 견고해졌기 때문이었다. 이는 곧 진명학교의 폭발적인 학생 수 증가와 발전, 성공회 신자들의 증가[III]로 이어졌다. 이로써 병천 성공회는 중흥기를 맞이했지만, 그럴수록 김구응 선생과 그의 가족에 대한 기억은 사라져갔다.

I　『宗古聖公會月報』 1924년 3월호 '조선성공회 통계표'에 의하면 병천교회 신자수는 1922년 129명에서 1923년 146명으로, 봉황리교회는 1922년 68명에서 1923년 79명으로 급격히 신장한다.

II　(전략)"……조주교께서는 사월 팔일 오전 열한시 반에 병천으로 가시어서 남녀 삼십인에게 견진성사를 베푸신 후 오후 두시 반에 출발 귀경하셨나이다. 주교께서 칠순 노령의 건강하신 신체로 우리를 사랑하사 지방교회를 순방하심을 감사하나이다. 병천과 봉항리교회에는 회장과 모든 교우의 열심 활동하심을 인하여 부흥의 서광이 비춰오나이다." (『宗古聖公會月報』 1930년 5월호 천안교회 소식 중에서)

후손들의 삶과 '김구응기념사업회'

김구응 선생 가족들의 이야기

이상으로 김구응 선생이 어떤 인물이며, 또 그가 4·1아우내만세운동에서 실질적인 주역이었다는 것을 살펴보았다. 하지만 앞서 보았듯이 그에 대한 평가는 제대로 이루어지지 않았다. 그에 대한 사료가 부족한 이유도 원인으로 꼽을 수 있으나 유관순이라는 인물에 대한 영웅화 작업과 이를 상품화한 병천지역의 정서로 인한 영향이 더욱 컸다. 김구응 선생의 후손들은 유공자 가족으로서 받는 국가적 혜택은 차치하고, 유관순 열사에 비하면 거의 무시에 가까운 무관심과 처우에서 비롯한 서운함과 억울함을 안고 가슴앓이를 하며 살아야만 했다.

김구응 선생은 정작 만세운동을 계획하고 또 앞장섰으며, 그의 어머니는 4·1아우내만세운동 당일 일경의 총칼에 맞아 무참히 쓰러졌다. 그러나 자명한 사실조차 제대로 알려지지 않았다는 것은 김구응 후손들에게는 물론 우리에게도 무척 안타까운 일이 아닐 수 없다.

김구응 선생이 어떤 인물이었는지, 그리고 그의 모친 최정철 여사는 어떤 인물이었으며 아우내만세운동에서 어떤 역할을 했는지에 대한 사료는 부족하다. 하지만 김구응 선생에 대한 이야기는 이미 나름대로 충분히 서술하였으니 여기서는 그의 모친 최정철 여사에 관한 이야기와 암흑 속에 묻혀버린 독립투사의 후손, 자손으로서 살면서 겪었던 어려움과 아픔에 대해 잠깐 언급해보려 한다.

최정철(崔貞徹) 여사는 1854년 6월 26일에 태어나 아우내만세운동이 일어난 1919년 4월 1일에 돌아가셨다. 그러니 그녀의 일기는 67년이다. 그녀는 김상목(金相睦, 1849년생)과 결혼하였는데, 그 시기는 정확히 알려진 바가 없다. 둘 사이에는 김구응 선생과 그의 누이동생인 김구옥 1남1녀가 있었다.

당시 최정철 여사는 동네에서 널리 알려진 여장부였다. 그녀는 옳은 일이고 자신이 해야 할 일이라면 뒤로 물러서는 법이 절대 없었다. 그래서 최 여사는 김구응 선생이 진천과 입장에서 객지 생활을 끝내고 고향인 병천으로 돌아와 자신의 집에 청신의숙(淸新義塾)을 지어 활발히 교육 사업을 벌일 때도 이를 지지하고 적극적으로 뒷바라지했다.

당시 신식학문을 가르쳐준다는 소문으로 병천의 학생들은 물론 배움을 찾아 멀리서 온 학생들은 청신의숙에서 숙식을 해결하였다고 한다. 그러니 그녀의 집 뒷방과 문간방엔 항상 식객들로 넘쳐났을 것이다. 어디 그뿐이었겠는가. 최 여사는 남편 김상목이 죽고 난 후 안팎의 모든 일을 처리하고 오롯이 홀로 감당해야만 했다. 김상목은 만세운동이 일어나기 전해인 1918년 12월에 돌아가신 것으로 보아 그리 건강한 사람은 아니었나 보다.

심지가 굳은 최 여사는 1919년 아우내만세운동을 준비할 때부터 발 벗고 나서서 거사를 도왔으며, 주변 사람들에게도 만세운동에 참여할 것을 독려하였다. 여기에서 그치지 않고 만세운동 현장에도 직접 참여하였으며, 그러다 아들 김구응 선생의 처참한 죽음을 목도하고 왜경에게 대들다가 자신 또한 비참한 죽임을 당하고 말았다.

김구응 선생과 그의 모친 최정철 여사는 현장에서 일경의 총칼에 쓰러졌지만, 정작 그 가족들은 장례도 제대로 치르지 못하고 병천면 가전리 뒷산에 김구응 선생과 최정철 여사의 시신을 묻었다. 이후 김구응 선생의 가족은 풍비박산이 났다.

그의 손자인 김운식(74세) 씨의 증언에 따르면 이후 그들의 가족사는 비극 그 자체였다고 한다. 김구응 선생의 부인이자 김운식 씨의 할머니인 권숙자(1886년생)는 만세운동이 실패로 끝난 후 세 아들(태로, 태동, 태하)을 데리고 친척이 있는 안성으로 갔다고 한다. 이는 순전히 살기 위해서였다. 만세운동 이후 일경의 감시와 탄압은 더욱 심해졌는데, 주모자였던 김구응 선생의 가족에 대한 탄압과 감시는 더 말할 나위가 없었다. 평소에는 서로 가깝게 지내던 이웃들마저도 자신들의 신상에 문제가 될까 봐 그들 가족을 멀리했다. 이런 연유로 김구응 선생의 부인은 세 아들을 데리고 야반도주하듯 정든 아우내를 등지고 친척이 있는 경기도 안성으로 떠나야만 했다.

이후 이들의 삶이 어떠했을지 구태여 설명을 보태지 않아도 우리가 충분히 짐작하고도 남는다. 김구응 선생의 맏아들 김태로(1911-1951)는 일본으로 밀항하여 노동자 생활을 하다 돌아와 인천에서 조선기계제작소라는 작은 공장에 취업했다. 그러다 그는 8.15 광복 후에 좌익 활동에 뛰어들었다. 김운식(김구응의 손자) 씨는 김태로가 그럴 수밖에 없었던 이유로 친일파들이 위세를 떨치고 김원봉 같은 독립운동가들이 오히려 빨갱이로 내몰리는 현실로 느낀 환멸 때문이라고 말했다.

결국 김구응의 맏아들 김태로는 6·25전쟁 시 9·28수복 후 국군에 자수하였다. 그러나 방면되지 못하고 동인천경찰서 유치장에 구금되어 수감생활을 하다가 몇 달 뒤인 1·4후퇴 때 국군이 남쪽으로 후퇴하면서 좌익사범들을 모두 총살했는데, 이때 희생되었다. 그의 시신은 끝내 찾지 못하였고 그 이후 가족들은 좌익사범의 가족이라는 딱지가 붙어 천안을 떠나 곳곳을 전전하며 가난에 시달려야만 했다.

이런 가슴 아픈 사연을 담은 글을 소개하려 한다. 그의 아들인 김운식 씨가 자신이 2살 때 돌아가신 얼굴도 모르는 아버지를 그리며 쓴 글이다.

나의 아버지[1]

나의 아버지는 내가 두 살 때 돌아가셨다. 6·25전쟁이 한창일 때다. 아버지가 열 살 때 할아버지가 아우내 4·1만세운동으로 순국하셨다. 증조할머니도 그날 함께 순국하셨다. 아침에 멀쩡히 장터에 나가셨던 당신의 할머니와 아버지의 시신이 헌병주재소 앞에 놓여 있는 모습을 보았을 것이다. 두개골이 박살이 나고 온몸이 칼로 난도질당해 파투성이가 된 당신의 아버지와 그 시신을 안고 총검에 찔려 돌아가신 당신의 할머니를 보았을 때 아버지의 심정은 어떠했을까? 아마도 하늘이 무너져 내리는 듯했을 것이다. 아버지의 가슴도 무너져 내렸을 것이다. 어린 소년으로서 열 살이란 나이에 장손이 되어 싸늘한 주검으로 변한 당신의 할머니와 아버지가 가마니에 덮이어 지게에 올린 채 피가 뚝뚝 흐르는 뒤를 눈물범벅이 된 채로 뒤따랐을 것이다.

증조할아버지는 3·1독립만세운동이 일어나기 전해에 돌아가셨다. 증조할아버지는 삼대독자셨다. 그래서 증조할머니와 할아버지가 돌아가시고 난 후, 집안에는 할머니와 어린 세 아들만 남게 되었다. 집안에서는 한참 동안 모자들이 서로 껴안고 울음으로 나날을 지새웠을 것이다.

---

[1] 이하 글은 2022. 10. 25. 김운식 선생이 쓴 내용이다.

독립운동을 했다고 모든 사람이 멀리하고 아무런 도움도 주지 않았다. 더욱이 일본 경찰의 감시가 심해 수시로 집을 찾아와 수색하고 갔다. 가까운 친척도 없는 아우내에서 할아버지가 돌아가시고 난 후에도 삼 년간 아우내에서 더 살았다.

생활은 점점 더 어려워졌다. 작은아버지가 일곱 살 때 굶어 죽을 정도였다. 아버지는 당신을 항상 졸졸 따라다니던 동생이 제대로 먹지 못해 죽었으니, 챙겨주지 못한 당신이 무척 원망스러웠다고 했다.

할머니는 견디지 못하고 세 살 된 막내인 작은아버지만 데리고 안성 친척집으로 갔다. 아버지는 충주에 사는 큰고모할머니 집으로 보내졌다. 당신의 할머니와 아버지는 일본 헌병에 의해 죽임을 당하고 어린 동생은 굶어 죽고, 어머니는 안성 친척집으로 가고, 낯설고 물선 타향으로 혼자 보내졌으니! 세상 어느 곳에도 서러움을 털어놓을 수 없는 외톨이였을 것이다.

아버지는 큰고모할머니 집에서 학교에 가지 못하고 농사일을 했다. 아버지는 자신의 호적에 그어진 붉은 줄 때문에 우리나라에서는 어떤 일도 할 수 없다고 생각했다. 그래서 아무도 모르는 일본으로 가기로 하고 아우내로 가서 옛집을 팔았다. 그 돈으로 일본에 건너가기 위해 부산으로 갔다.

그러나 붉은 줄로 선명한 낙인이 찍힌 사람이 정상적인 경로를 통해서 일본에 갈 수 없었다. 며칠 동안 일본을 오가는 연락

김구응 열사를 부둥켜안고 오열하는 어머니 최정철 여사

천안시 병천면 가전리에 위치한 김구응 열사의 묘(앞쪽)와 그의 모친 최정철 여사의 묘(뒷쪽)

선을 타기 위해 부산항에서 틈을 보다가 아기 손을 잡고 배를 타는 어느 부인의 치맛자락에 숨어 겨우 배에 올랐다고 한다. 아버지가 배에 탄 후 일본 순사가 아버지를 찾기 위해 샅샅이 수색했으나 끝내 발견하지 못했다.

아버지는 우여곡절 끝에 1928년에 일본에 당도했다. 일본에 도착해 당시 한국인들이 많이 살았던 오사카로 갔다. 아무런 연고도 없이 오사카에 갔으니 생활은 매우 어려웠을 것이다. 아버지는 어찌어찌해서 공장에 취직했다. 최근 드라마 〈파친코〉에서 오사카에서 비참하게 생활했던 한국인들의 모습이 자연스럽게 떠올랐다. 〈파친코〉에서 비추어진 오사카는 나의 아버지가 살았던 1930년대와 유사했다.

박완서 작가는 『오만과 몽상』에서 "매국노는 친일파를 낳고, 친일파는 탐관오리를 낳고, 탐관오리는 악덕 기업인을 낳고, ……동학군은 애국 투사를 낳고, 애국 투사는 수위를 낳고, 수위는 도배장이를 낳고……"라고 썼다.

당시 오사카에는 이모가 사셨고, 이모의 주선으로 아버지는 나의 어머니와 결혼한 것 같다. 맞선처럼 직접 만나 얼굴을 익힐 시간은 없었고 사진으로 보고 결혼했다고 한다. 다만 김천 외가에서는 아우내로 가서 어떤 집안인지 살펴보았다고 한다. 작은 외숙을 아우내로 보내서 알아본 결과 아버지가 독립운동가의 후손이고, 안동 김씨라 해서 어머니를 보내기로 결정했다고 한다. 1934년, 아버지가 스물네 살이고 어머니가 열아홉 살일 무렵에 두 분은 오사카에서 결혼했다.

1935년에는 첫째 누님이, 큰형은 1938년에 태어났고 1940년에 작은형이 태어났다. 유복하지는 않았지만, 아버지가 워낙 성실하게 일한 덕분에 살림에는 지장이 없었다고 한다. 아버지는 공장에 다니는 동안에도 시간만 나면 틈틈이 공부를 했다. 영어를 구사할 줄 알고, 집에 영어책도 있었다고 한다. 아버지가 틈나는 대로 읽었던 책들은 분명 소설책은 아니었을 것이다. 미루어 짐작건대, 아버지는 일본에서부터 사회주의 이념서를 읽으면서 관련된 사상을 접했으리라고 본다.

1942년에 아버지는 더는 원수의 나라에서 살 수 없다며 귀국했다. 인천에 작은고모할머니가 계셔서 인천으로 향했다. 인천으로 귀국해서는 버클이나 모표에 도안을 식각하는 기술자로 자그마한 공장에 취직했다. 집도 한 채 마련했다. 1943년에는 둘째 누나가 태어났다.

1945년, 한국은 드디어 해방을 맞이했다. 아버지는 해방된 조국에 대해 크나큰 기대를 품었던 것 같다. 대대적인 토지개혁을 시행하고, 친일파를 청산하는 등 새로워진 조국에서 살아갈 생각에 희망을 품었던 것 같다. 1945년 11월 4일에는 임시정부의 김구 선생을 비롯해 임정 요인들이 귀국했다. 아버지는 1945년 12월 1일, 서울운동장에서 있었던 임시정부 귀국 환영

행사에도 참석했다.

　그러나 해방된 조국은 아버지가 바라던 모습과 거리가 멀었다. 당신의 아버지와 할머니가 피로 조국의 독립과 자유를 부르짖으며 목숨까지 바치며 바라던 조국은 아니었다. 친일경찰은 여전히 경찰이었고, 친일헌병은 여전히 군 장교였다.

　일제강점기하에서 독립군을 잡아 고문하고, 해방 직전에 평양경찰서장까지 지낸 노덕술이 수도경찰청 수사과장이 되었다. 노덕술은 임시정부 광복군 부사령관으로 귀국한 약산 김원봉을 붙잡아 종로경찰서에서 뺨을 때리며 고문한 사람이었다. 약산은 풀려난 후 친구 집에서 일주일을 통곡했다. 김원봉은 의열단을 창설하였던 분으로 일본 경찰들이 김구 선생보다 더 많은 현상금을 걸고 찾던 인물이었다. 그는 일본 경찰에 한 번도 잡히지 않은 전설적인 인물이었다. 약산은 1889년생이고, 노덕술은 1888년생이다. 두 사람은 한 살 차이로, 서로 상반된 길을 걸었다. 한 사람은 조국의 독립을 위해 독립군이 되었고, 한 사람은 독립군을 잡는 악질 친일경찰로서 승승장구했다.

　1949년 6월 6일, 약산이 그렇게도 존경하던 김구 선생이 암살당했다. 1949년 6월 6일 친일경찰들이 반민특위를 습격하여 반민특위의 특경대를 해산했다. 1949년 10월 일제 치하에서 반민족행위를 한 사람들을 처벌하기 위해 구성되었던 반민특위가 해체되었다.

아버지는 이런 세상을 바꾸어야 한다고 생각하고, 동지들을 모았다. 동지들을 모아 저녁이면 삐라를 만들고, 집집에 뿌렸다. 모두가 평등하고 자유로운 세상을 만들자고 외쳤다.

1950년 6월 25일, 전쟁이 터졌다. 인천은 인민공화국이 되었고, 아버지는 조선기계제작소의 인민위원장이 되었다. 그러나 인민공화국도 아버지가 바라던 사회는 아니었다. 아버지는 집에 있는 텃밭에 조를 심었는데, 인민군이 와서 한 평을 잘라 일일이 세더니 "이곳은 수확이 얼마이니 공출해라. 나중에 거둬간 만큼 배급할 거다"고 말했다고 한다. 인민군은 집 안 곳곳을 뒤져 쌀과 곡식을 전부 가져갔다. 아버지는 인민을 위한다는 인민공화국이 진실로 인민을 위한 정부는 아니라고 생각했다.

1950년 9월 28일 국군이 들어오고 수복이 되었다. 아버지는 자수했고 동인천경찰서 유치장에 구금되었다. 10월 중순쯤에 아버지로부터 연락이 왔다. 유치장에 같이 있던 사람이 집으로 와서 아버지가 춥다고 옷을 가져다 달라고 했다. 아버지가 입던 양복을 큰형이 들고 그 사람과 같이 동인천경찰서 유치장으로 갔다. 그 사람이 큰형에게 "너는 여기에 기다리고 있어. 내가 갖다주고 올게"라고 말했지만, 큰형은 그 후 아버지를 만날 수 없었다고 한다.

그리고 1951년, 1·4후퇴 사태가 있었다. 아버지가 인천감옥으로 이감되었는지, 동인천경찰서 유치장에 있었는지는 모른다. 1·4후퇴 전후를 기점으로 유치장에 있거나 감옥에 있던 사람들은 모두 처형되었다는 소식만 들려왔을 뿐이다. 언제 돌아가셨는지도 모른다. 어느 산천에 주검이 묻혔는지도 모른다.

경찰의 서늘한 총구가 뒷머리에 겨누어졌을 때 "어린 처자식은 누가 돌보나?" 하는 생각이 아버지의 뇌리를 스쳤을 것이다. 아버지의 시신을 거둘 수도 없었고, 무덤도 만들 수 없었다. 나의 아버지 나이가 마흔 살 때 일이었다. 그리고 나의 어머니의 고단한 삶이 시작되었다.

이 밖에 4·1아우내만세운동과 관련된 김구응 선생의 가족으로는 그의 장모로 추정되는 申씨(족보란에 적힌 할머니 권숙자의 모)가 있다. 그녀 또한 아우내만세운동 현장에 있었던 것으로 보인다.

申씨는 일제의 재판기록인 '대정 8년 형공 제513호'에 의하면 수신면 복다회리에 살았으며. 만세운동으로 3년 형을 받았으나 복심에서 무죄로 방면되었다. 이에 2021년 대통령 표창(申姓女:신씨 성을 가진 여성으로)을 받았다.

그러나 유족을 찾을 수 없다고 하여 천안시 사적관리과에서 연락이 왔다. 그래서 김운식(김구응의 손자) 씨가 면사무소에 연락하여 외증조부의 제적을 확인하려 하였으나, 1853년생의 제적부는 확인할 수 없다는 통보를 받았다.

2019년에 개봉된 영화 〈항거 유관순〉에서 申씨가 김구응 열사의 장모로 나오는데, 이는 향토사학자 임명순 씨가 증언한 것으로 묘사된다. 이런 모든 정황으로 미루어보았을 때, 김구응 선생의 장모인 신씨와 모친인 최정철 여사의 사돈지간이 함께 현장에서 만세를 불렀다는 것을 알 수 있다.

김구응 열사 기념사업회의 활동

천안에 있는 천안역사문화연구회(회장 이용길)는 김구응 선생과 4·1아우내만세운동에 대하여 깊은 관심을 가지고 그 역사 발굴과 보급에 힘써오고 있는 지역의 보물 같은 단체다. 지난 2019년부터 '동학3·1혁명의 길'이라 하여 목천의 세성산부터 아우내 4·1만세운동의 봉화탑을 잇는 길을 회원들과 함께 24회째 걸으며 동학과 3·1운동의 의미를 되새기고 있다.

또한, 이를 발전시켜 '아우내4·1혁명의길'이라 하여 세성산부터 김구응, 최정철 열사의 묘역을 거쳐 봉화탑과 유관순기념관을 돌아 진명학교가 있던 성공회 병천교회까지 길을 만들어 현재 회원들과 함께 정기적으로 걷고 있기도 하다.

지난 3·1운동이 일어난 지 100주년이 되는 해인 2019년에는 병천에 있는 천안시 동남문화원에서 약 5백 명의 청중이 모인 가운데 '김구응 열사와 4·1아우내만세운동'이라는 주제로 강연회를 갖기도 하였다.

이날 강연에서 성공회 전해주 신부는 김구응 열사가 4·1아우내만세운동을 어떻게 계획하고 준비하였는지, 그리고 어떠한 이유로 만세운동에 기여한 김구응 선생의 공적이 제대로 된 평가를 받지 못했는지에 관해 이야기했다. 또한, 만세운동은 그때 그 사건으로 끝나는 것이 아니라 진실을 밝히려는 작은 노력을 모아 그날의 함성을 계속 이어나가야 한다고 주장했다.

이후 '김구응 열사 기념사업회'를 발족시키기 위한 발기인 대회를 열어 그 뜻을 모으고 방향을 정해 드디어 지난 2022년 4월 1일 '김구응 열사 기념사업회'가 발족하기에 이르렀으며 아우내문화재단 이사장인 김종수 목사가 초대 회장을 맡았다.

김 목사는 어렵게 출범한 '김구응 열사 기념사업회'가 근대교육의 선각자이며 아우내4·1만세혁명의 지도자인 김구응 열사의 업적을 기리고 숭고한 뜻을 이어가기 위해 노력할 것이라며, 아래와 같은 사업을 꾸준히 추진해나갈 예정이라고 밝혔다.

김구응 열사의 업적을 밝히고 뜻을 계승하기 위한 사업

아우내 60열사의 업적을 밝히고 기리기 위한 사업

아우내4·1만세혁명의 진실을 밝히기 위한 객관적인 역사 연구 조사 사업

아우내정신을 널리 알리기 위한 교육, 홍보, 출판 사업

기타 목적을 달성하기 위하여 필요한 사업

최정철·김구응 열사 별세 성찬례와 추모비 제막식

이어 열린 기념강연회에서 김형목 박사(전 독립기념관 독립운동사연구소 책임연구원)는 '아우내 근대 교육의 역사와 김구응 열사'란 주제로 강연을 하였는데, 김구응 열사가 청신의숙, 진명학교 등 근대 교육기관을 만들어 이 지역에 근대 교육을 보급했으며 이는 곧 만세운동의 근간인 저항정신으로 이어졌을 것이라고 말했다.

최정철.김구응 열사 별세 성찬례와 추모비 제막식'김구응 열사 기념사업회'는 앞으로 아우내4·1문화제를 개최하고 기념조형물을 건립하며 진명학교를 복원하는 등 각종 기념사업을 펼쳐나갈 것이라고 밝혔다. 이 밖에도 김구응 열사에 관한 업적 연구·조사 사업, 전기 및 평전 발간, 아우내 60열사에 대한 공적 전수조사, 4·1만세혁명사 발간 등 연구사업과 이에 대한 각종 강연회, 토론회와 청소년 백일장, 연극제, 음악회, 소식지 발간 등등 학술사업도 펼쳐나갈 계획이라고 한다.

그러기 위해 뜻을 함께하는 더 많은 회원과 후원회원을 모집하고 사무실을 마련하는 등 조직사업과 홈페이지 개설·운영, 그리고 유족들의 명예 회복과 보상사업을 추진할 것이라고 한다. 앞으로 많은 활동을 기대하며 이로써 김구응, 최정철 열사의 업적이 제대로 평가받고 그 정신을 이어나가길 바라마지 않는다.

지난 2022년 아우내문화제에서 이윤옥 시인이 낭독했던 김

구응, 최정철 열사 두 모자에게 바치는 헌시(獻詩)를 끝으로 이
글을 마무리한다.

꺼지지 않는 아우내의 횃불

이윤옥

최정철·김구응 열사 영전에

매봉산 산마루에 타오르던 횃불은
임의 투혼입니까?

상봉산 산마루에 휘날리던 태극기는
임의 절규입니까?

삼천리강산을 뒤덮던
비탄과 슬픔을 거두고
흰옷 입은 백성들
아우내장터로 이끌던 이도
임이셨습니까?

기미년 사월 초하루
겨레의 심장에 총부리를 겨누고
겨레의 오장육부를 난도질한
잔악한 일제의 무리들을

호통치며
국혼을 지켜낸 임이시여

몸은 비록
적의 총칼에 갈기갈기 찢겼지만
서릿발 같던 기백을 놓지 않던 임

임의 붉은 피 강산에 뿌려지고
그 혼백 강토를 지켜내
마침내 조국 광복의 꽃으로 피어났나니

무궁화동산의 만대 후손들이여!
아우내 열사
최정철·김구응 모자가
겨레의 심장에 새겨준 독립의 외침을
잊지 마소서
결코
잊지 마소서.

참고문헌 및 기타 자료 출처

1) 『宗古聖教會月報』(聖公會報), 1906-1922.

2) 『Morning Calm』
   - No. 118 Vol. XIX, 1908년 10월, 'Chung Chong of Corea', 175-179.
   - No. 141 Vol. XXV, 1914년 7월, 'Chun-An District', 70-76.
   - No. 145 Vol. XXVI, 1915년 7월, 'Chung Chong of Corea', 187-188.
   - No. 149 Vol. XXVII, 1916년 7월, 'The Bishop's Letter/Mark N. Trollope'
   - No. 149 Vol. XXVII, 1916년 7월, 'Pou-Tai-Ri, Chun-An District', 56-61.

3) 기타 외국인선교사 활동보고서
   - 「THE ENGLISH CHURCH MISSION IN COREA」 (RT. REV. BISHOP CORFE, 1917)
   - 「THE CHURCH IN COREA」 (M. N. TROLLOPE, 1915) : 한국성공회사
   - 「성공회 교육기관 연구자료」 (노정빈, 1891-1965)
   - 「외국인 사제 명록」 (노정빈)
   - 「KOREA WHAT OF THE CHURCH?」 (DEWI MORGAN, 1955) : 초기 대한성공회사

4) 이재정, 『대한성공회 백년사』, 대한성공회 출판부, 서울, 1990.

5) 『대한성공회 관구 요람』, 대한성공회 출판부, 서울, 1993.

6) 『이대로 섬기기를 원합니다』, 대한성공회 출판부, 서울, 1998.

7) 『우리 고장의 독립운동가들』, 아우내문화원, 충남, 2001.

8) 조국인, 『大麓誌』, 김준기 역, 아우내문화원, 충남, 2000.

9) 이정은, 『유관순』, 한국독립운동사연구소, 충남, 2004.

10) 김진만, 『성공회 이야기』, 삼연서점, 서울, 2002.

11) 이재정,『한국 성공회사 개관』, 대한성공회 출판부, 서울, 1980.

12)『성공회의 역사』, 대한성공회 선교교육원 (TL283.09대92人)

13)『선교 백년의 증언』, 대한성공회 출판부, 1990.

14) 정철범,『성공회 입문』, 성베다교회 인우회, 서울, 1989.

15) 이만열 외 9인,『한국기독교와 민족운동』, 종로서적 출판부, 1992.

16) 민경배,『한국기독교회사』, 대한기독교 출판사, 서울, 1990.

17) 민경배,『일제하의 한국기독교 민족신앙운동사』, 대한기독교서회, 서울, 1991.

18) 김병조,『한국독립운동사략』상, 상해선민사(한글판)

19) 박은식,『한국독립운동지혈사』상해 유신사, 1921.12.30.

20) 김정명,『조선독립운동1-민족주의운동 편』, 原書房, 1967.

21) 김명환,「초기 한국 교회상에 관한 연구」, 서울신학대학원 석사학위 논문,
   1997.

22) 허태범,「대한성공회의 교회전통과 신앙이해에 관한 연구」, 성공회신학대학
   원 석사학위논문, 1998.

23) 조영열,「韓國獨立運動과 在韓 宣敎師들의 動向」, '3 · 1운동기를 중심으로'

24) 아우내만세운동에 대한 일본 재판부의 판결문
   -「대정 8년 공 제172호 판결문」
   -「대정 8년 형동(刑控) 제 513호 판결문」

25) 병천 성공회 내 자료들
   - 세례 및 견진 명부 (1940년 이전)
   - 주보
   - 기타 성공회 문서들

26) 각종 사진 자료들
   - 대한성공회 출판부 보관 사진 자료들
   - 성공회 보관 및 교인 소장 사진들 다수

27) 녹취 자료들

- 김운식 (김구응의 손자)
- 김경식 (김구응의 손자)
- 이용길 (천안역사문화연구회 회장)
- 김종수 (아우내문화재단 이사장)
- 전수용 (병천 성공회교회 전 신자 회장, 작고)
- 강신학 (병천 성공회교회 전 사제 회장, 강준희(애단) 신부의 손자)
- 박광희 (성공회 병천교회 교회위원)
- 정해용 (성공회 병천교회 초대회장 정관서의 증손, 작고)
- 조성민 (전 아우내 문화원장, 작고)
- 유정석 (유관순 열사의 사촌동생, 작고)
- 박창해 (전 연세대 국어국문학과 교수, 작고)
- 김준기 (향토사학자, 작고)
- 주세응 (향토사학자, 천안시 동면 거주)
- 임명순 (향토사학자, 천안 거주)
- 강복동 (당시 병천 유지 송인섭의 자부, 작고)
- 송우석 (당시 병천 유지 송인섭의 손자)
- 김태백 (천안시의원, 당시 병천 유지 김정호의 손자)
- 정종배 (망우리공원 해설사)

김구응 열사 평전

4·1아우내만세운동의 주역

ⓒ 전해주, 2023

초판 1쇄 2023년 4월 1일

기획	김구응열사기념사업회·천안역사문화연구회·김구응열사유족회
지은이	전해주

펴낸이	이채진
펴낸곳	틈새의시간
출판등록	2020년 4월 9일 제406-2020-000037호
주소	경기도 파주시 하늘소로16, 105-204
전화	031-939-8552
이메일	gaptimebooks@gmail.com

ISBN   979-11-978783-4-3(03990)

* 책값은 뒤표지에 있습니다. 잘못 만들어진 책은 구입하신 서점에서 교환해드립니다.

* 이 책 내용의 일부 또는 전부를 재사용하려면 반드시 저작자와 틈새의시간 양측의 서면 동의를 받아야 합니다.

* 후원계좌: 김구응열사유족회 김민응(농협) 356-1522-3351-13